公教育計画研究 12

特集：コロナ禍の中の公教育計画を問う

公教育計画学会・編

2021

第12号の刊行にあたって

新型コロナウイルス（COVID-19）によるパンデミックと公教育

　新型コロナウイルス（COVID-19）が2020年1月に日本国内で初めて確認されてほぼ2年が経過する。周知のように、この間、私たちは、国内だけでなく世界的な規模での感染拡大、いわゆるパンデミック（世界的大流行）を体験し、未だその渦中にあるといえる。

　2020年1月に初めて日本国内で確認された新型コロナウイルス感染症は、その後2021年の10月までに日本国内で5波にわたる感染拡大という事態を引き起こした。世界的な感染症の拡大、いわゆるパンデミックが日本国内でも現象した結果である。こうしたパンデミックという事態に公教育はどのような影響を受けたのか、そして公教育に関わる様々な政策がどのように立案され、実施されたのかについては、改めて検討されなければならない課題であるだろう。確かにグローバル化の進展を前提に成立している資本主義社会では、新型ウイルス等の感染拡大さらには感染爆発という事態は必然である。人とモノの動きがグローバル化する資本主義社会であれば、ウイルスによるパンデミックを完全に防ぐことは不可能である。そのことは、1世紀前の「スペイン風邪」の例を引くまでもない。

　ところで、こうした世界的な感染拡大という事態が教育的営為一般に多大な影響を与えることは、改めて指摘するまでもない。ウイルス感染は、人と人との交通において拡大していくため、教育的営為は必然的に影響を受ける。指摘するまでもなく公教育体制の基軸である学校制度は、人と人が直接的に関わることを前提とする場であり、感染症拡大のエピセンター化する可能性は高いといえる。その意味で今般の新型コロナウイルス感染症の世界的規模での拡大という事態は、学校を基軸に存立する公教育の制度を改めて再考する契機を提示したともいえるだろう。周知のように、近代社会が構築した公教育システムの基幹制度である学校は、教育・学習活動のために人が集まるための施設である。それは、人と人の日常的な協働性を前提とする施設であり、ウイルス感染症に対する脆弱性を当然のように持っている。こうした公教育の現実を踏まえて、パンデミックにおける教育活動を改めて議論することが喫緊の課題であるだろう。

　しかし、近代社会が学校を基軸としてシステム化した公教育に関して私たちは精確に捉えて定義しているのだろうか。現在のコロナ禍という特異な状況に目を

奪われることなく、公教育の本質論についての理論的な構築が求められているのではないだろうか。公教育を再考する視点から、改めて新型コロナウイルスによるパンデミックと公教育の現実を剔抉し、理論化していく必要があるように考えている。

　以上のような点を前提にしながら、私たちは日本の公教育の現実において新型コロナウイルスの感染拡大という状況の中での公教育に関わる政策決定について振り返ってみよう。周知のように、2020年の新型コロナウイルスの国内での感染が確認された1月以降、とりわけ感染拡大が顕著になる2月末から、感染対策の諸政策が立案され実施されていくことになった。そうした政策には、政策決定あるいは実施過程に関わり首をかしげざるを得ないような政策（例えば466億円を投入した布製マスクの配付等）も多々あった。そうした諸政策の中で公教育に直接かかわる政策としては、当時の安倍晋三総理による唐突な「全校臨時休校」措置という政策策定を改めて簡単に整理しておきたい。

　2020年2月27日の「新型コロナウイルス感染症対策本部」で、首相が突然「休校」措置を発表し、翌3月2日から実施されたのが「全校臨時休校」政策の嚆矢であった。この政策決定過程及び実施手続きは、学校教育に関わる現行の教育法制を完全に無視したものであったことは指摘するまでもない。パンデミックへの対応のための政策発動を事由にする行政権の独断専行であったことは間違いない。指摘するまでもなく公立の小・中・高等学校を所管するのは地方教育委員会である。したがって、2020年3月からの「休校措置」という政策は、公立諸学校の休校措置の要請を首相が要請するという法的構造にない形式をとって実行されたのである。つまり、首相の政策要請をその法的な整合性を検討することなく、公立学校を所管する都道府県・市町村の教育委員会が、休校措置を実質的に認容し、指示したということである。その過程では、教育関連法規に基づく行政権の発動ではないことを認識しながら、結果的に「忖度」に基づいた政策実施ということであったかもしれない。しかし、法の支配を逸脱する行政権の執行という実態は、真摯に批判的総括が行われるべき事柄である点は指摘しておきたい。

　さらに付け加えるなら、こうした政策決定を行う背景としての政治における大衆迎合的傾向についても私たちは改めて検討する必要がある。大衆迎合主義を生み出す背景には市場原理に依拠する新自由主義の進展が大きく関与していると指摘できる。新自由主義は、私権を拡大することを前提とすることは周知のとおりである。それは必然的に「今だけ金だけ自分だけ」と言われる風潮を一般化す

る。この状況は、政策における法的整合性より、独断的な政策決定が受容され指示されることになる。「全校臨時休校」という政策もそうした状況を踏まえた政治的判断であったとも指摘できる。まさに新自由主義に基づく統治構造における公教育と教育政策についての議論が求められている。

公教育と新自由主義の論理

　新型コロナ感染症の拡大がグローバル化した世界経済の構造を前提にしていることは既に指摘した点である。ところでグローバル化という実態は、「徐々に」であろうが、「急速に」であろうが、資本主義システムにおいては、必然の形態であることは指摘するまでもない。同時に20世紀末からのグローバル化の急激な進展を支えた論理は、新自由主義の思想と論理であったことは間違いない。指摘するまでもなくグローバル化を支えた新自由主義は、公教育をめぐる政策展開との間にも密接なかかわりを持ってきた。この点について、日本での史実を少し整理しておきたい。

　周知のように日本において新自由主義の公教育へ導入は、1980年代、特に臨時教育審議会の設置とその審議過程において開始されたといえるだろう。もちろん公教育に関わり新自由主義的な実際的な政策展開は、日本では1990年代後半であったことは間違いない。とりわけ本格的な政策稼働は、21世紀入ってからの小泉純一郎内閣が成立(2001年)以降であったことは周知のことであろう。いずれにしても1980年代以降、世界的な新自由主義的な政策展開を背景に、日本国内における規制緩和と市場原理の全面的な導入という政策の方針は、公教育においても追及されることになったと整理できる。こうした新自由主義に基づく、つまり市場原理の導入という政策は、公教育に関しても市民社会の教育の在り方が第一義的に追及され、私教育の論理の拡大が目指されることになった。その結果、公教育における「公的」に追及される平等あるいは公平性は、二義的に位置づけられるか軽視されることになったのである。つまり、公教育それ自身の存立基盤である「公」的な論理が根底から否定されるような政策が実行されたと整理できる。こうした新自由主義に基づく公教育の政策やマネジメントは、日本においても1980年代後半以降の教育政策に見られるところである。したがって、既に30年以上にわたる公教育での常態化した論理であるともいえる。30年間続いている新自由主義の原理に基づく公教育の展開は、その展開や実践を通して、新自由主義の論理を再生産しているのである。公教育それ自体が、新自由主義の再生産機能を持つ装置として機能していると指摘できる。この点も、現在、喫緊に

要請される理論的検証課題である。今般の日本国内におけるコロナ禍を契機とする公教育をめぐる諸政策の立案や実施過程等を検討する際にも、新自由主義の公教育への導入と展開という史実を踏まえて議論を進める必要があると。

　ところで、1990年代以降、現在に至るまでの公教育の政策方針を支える論理として新自由主義のイデオロギーや思想は、積極的な機能を果たしてきたことは指摘するまでもない。そうした新自由主義と公教育に関わる問題性は、これまでも多様に批判されてきたことは周知の事であろう。そうした批判的な議論は、今後もより精緻に継続されるべきである。特にコロナ禍によって顕在化した公教育の問題構造に関わり、新自由主義の思想や論理の批判的検討は必要である。新自由主義という論理や思想は、いまだ健在であり、「新しい資本主義」などと言う政治的スローガンによって糊塗されるような論理ではない。新自由主義は、現代資本主義と公教育の問題に本質的に関わる論点であり、新自由主義の論理などは、常に更新されて登場すると考えるべきなのである。私たちは、新自由主義について、これまで以上に論理的に整理しつつ、公教育との関連を丁寧に批判的に検証しなければならないと指摘しておきたい。

年報第12号の編集方針とその構成

　最後になるが、年報第12号の特集について簡単に整理して、紹介しておきたい。年報第12号では、年報の特集テーマを「コロナ禍の中の公教育計画を問う」と設定した。そして、特集テーマに関わり、具体的に二つのパートに分けて編集することにした。一つは、2000年1月に日本で初めて新型コロナウイルス感染者が確認されて以降の状況、つまり、コロナ禍という状況での公教育をめぐる政策展開を検討する論稿で構成したのが、「特集1 With/Without COVID-19 の教育政策」である。また、日本の憲政史上、最長の政権となった安倍晋三政権での教育政策の動向を検証することを企図した「特集2 安倍政権の教育政策を問う」の設定である。

　年報第12号での二つの特集の設定は、コロナ禍での教育政策と新自由主義的な教育政策の展開に関わる問題を追求するために設定したと理解していただければと思う。コロナ禍における教育政策の構造は、安倍政権という長期政権下での新自由主義的な教育政策を継承するものであると考えたからでもある。

　これら「特集1」および「特集2」に掲載した論稿は、いずれも教育政策に焦点を当てつつ、コロナ禍における公教育および長期政権下の教育政策を改めて整理し批判的検討を加えるために議論の契機になると考えている。所収したいずれ

の論稿も、教育政策の在り様についての論議を深めつつ、公教育の在り方を探求する内容となっている。この特集設定をした編集委員会としては、公教育計画の現状についての検討を行うためには、先ず現状の教育政策動向についての整理と検討をすべきだと考えている。さらに付け加えるなら、新自由主義がどのように公教育に影響し、公教育が新自由主義の政策の中でどのような結果を生み出したのかを検証するためにも必要な試みであると考えている。いずれも今回の特集テーマの設定と具体的な二つの特集の設定の事由である。

　ところで、周知のようにコロナ禍においても公教育をめぐる政策の構造や目標は、コロナ禍が始まる以前に策定された計画の方針の継続を一義的に志向するであろうと考えている。ただ、コロナ禍という社会的な混乱状況を踏まえた政策方針の一部修正を実行するだろうが、原則的にコロナ禍以前に構想した政策方針は貫徹されるということである。そこには、コロナ禍というパンデミックを奇貨として、教育計画や教育政策を実行あるいは展開しようとする政治的意思を垣間見ることができるだろう。したがって、現在の教育計画やその構想を総括するには、少なくともコロナ禍における教育政策の動向に関する検証を精確に整理することが必要であると考えている。今回の年報の特集は、その意味で、現状の教育政策の検証を主要に行うことを目指すことに重点を置いている。掲載した論文が論究している論理等を議論の出発点として、教育計画に関する批判的議論を展開していただければと考えている。また、周知のように2022年には、第4期の教育振興基本計画が本格的に議論され、計画策定がなされるはずである。こうした計画内容等に対する的確な批判や代替案の提示などに関わって特集論文を参照していただければとも思っている

　私たちは、コロナ禍というパンデミックにおける教育政策の現実を精査しながら、新自由主義的な教育政策や公教育計画について論理的な批判を行わなければならない。同時に、公教育それ自身に対する理論的分析や体系的な公教育論の確立を目指さなければならない。少なくとも、公教育計画の現状を総括することや代替案を提起するためにも、そうした公教育論の理論的深化を続けるべきであると指摘しておきたい。

年報編集委員　元井一郎

特集 1：With/Without COVID-19 の教育政策

特集1　With/Without COVID-19の教育政策

新型コロナウイルス感染拡大と公教育像の転換

中村　文夫

課題の所在

新型コロナウイルスはどこから来たのか

　2020年から感染拡大が始まった新型コロナウイルス（COVID-19）によって学校教育は混迷し、脆弱性が顕わになった。その中で公教育像そのものの転換が進行している。公教育像の転換の解明を、二つの課題から試みる。

　2011年3月11日に発生した東北地方太平洋沖地震は地震、津波、それに伴う福島第一原子力発電所事故による大災害を引き起こした。この時から時代の空気は変わった[1]。その後も、日本各地で地震、台風等による大規模災害が繰り返されるようになった。そして、2020年から始まる新型コロナウイルスの感染はグローバル化のなかで拡散し、日本でも2020年4月、2021年1月と非常事態宣言が発出されるなど、人々を絶望の底に落としている。次の天災地変は何かを、身を固くして身構えるのが日常となってしまった。「天災は忘れた頃にやってくる」のではなく、災害の隙間に平穏な時があると逆転してしまった。

　中でも人災は、笑顔に隠された裏切りである。近代科学が社会の中に占める役割は、必ずしもプラスばかりではない。それは原子力発電だけではない。バイオテクノロジーの発展は遺伝子組み換えにより食の安全性を脅かす。AIなど情報技術は個人情報を集積し欲望を統制する巨大な情報通信産業の所生である。グローバルに広がる近代科学技術の影響は人々に気候変動や貧富の絶望的までの格差をもたらしもしている。技術は価値中立的であり、その使い方いかんであるとするのは、皮相である。兵器を見るまでもなく、特定の使い方のために特定の科学技術が組織的意図的に開発されてきた。新型コロナウイルスも、感染症の多くがそうであるように、局地的に動物間で伝染していたものを人間が掘り返し、世界中にばらまいたものである。このような近代科学の発展とともに形成されてきた学校教育は、劇的な転換を迫られている。

「全国一斉休校」から始まる学校の混迷

　公教育の混迷のなかで、その機関としての学校の転換が強いられている。まず、現象として最初に現れたのは元首相安倍晋三による2020年2月27日の突然の「全国一斉休校」（学校休業）要請である[2]。それは文部科学省（文科省）の反対を押し切ってまでの法的根拠（学校休業は設置者である市区町村の権限）のない稚拙な行いであった。応じて学校休業を行ったのは94％にもなる[3]。公教育における地方自治意識が弱体であることが改めて明らかになった。そして同時に公教育は学校教育で行うものという常識が、瞬く間に崩れていった。

　「学校がないと困ると学校がなくてもいいじゃないか」のはざまで、子どもも保護者も揺れることとなった[4]。学校という機関による教育機会を超法規的に奪った政府は、代替えとして、かねてから準備してきた遠隔オンライン教育に特化した教育政策を進めている。それは、一人一台PCを配布し、学校の有無にかかわらず情報ネットワークにつなげ、当面は非常時に限り、学習指導要領に基づく教育課程を提供するものである[5]。

　新型コロナウイルスの感染拡大の中で、「三密」を避けるという言葉が社会的なキーワードとなった。その中で社会的距離を取りながら、学校が再開されるも[6]、学校クラスターも随所で発生し、対応は後手を踏んでいる。文科省は感染拡大の対策とともに、個別的な資質能力に着目した「きめ細かな」学習指導を実施するために、小学校2年から段階的に35人学級を再開する[7]。

　新型コロナウイルス対策の中で教育政策として重視されたのは、デジタル教育と35人学級である。この二つの政策は新型コロナウイルス対策に伴って新規に考えられたものとしてみることはできない[8]。21世紀の新自由主義的な教育政策として用意され、顕在化した2020年代教育の幕開けを象徴する施策である。それは戦後公教育が理想とした出自や経済的地位等によって教育格差が生じることを許さず、教育機会の平等を目指すという強いメッセージ性をもつ理念からの転換を意味している。同趣旨の転換は、中央教育審議会の答申「「令和の日本型学校教育」の構築を目指して」にもみることできる[9]。

　この小論の目的は、公教育像の転換について、二つの政策をとりあげて、教育行財政の視点から批判的検証を行うことにある。

1．GIGAスクール構想の経緯と課題
令和の時代のスタンダードはデジタル教育で劇的に変わる

　2020年度からの新学指導要領では小学校での「プログラミング教育」が始まった。このようなプログラミング教育という一領域の問題では、もはやデジタル教育はなくなっている。一人一台のタブレット端末を通信ネットワークにつないでデジタル教科書を配信し、また学習した結果である学習記録（スタディログ）を政府が集積解析をして、一人一人の資質能力に着目して、個別的な学習に役立てようとする施策が着々と進んでいる。

　2019年12月19日、メッセージ「子供たち一人ひとりに個別最適化され、創造性を育む教育ICT 環境の実現に向けて ～令和時代のスタンダードとしての1人1台端末環境～ 」において、GIGA（Global and Innovation Gateway for All）スクール構想に関して、荻生田文科相は以下のように語った。

　「1人1台端末環境は、もはや令和の時代における学校の「スタンダード」であり、特別なことではありません。これまでの我が国の150年に及ぶ教育実践の蓄積の上に、最先端のICT教育を取り入れ、これまでの実践とICTとのベストミックスを図っていくことにより、これからの学校教育は劇的に変わります」、と。「文部科学省としては、1人1台端末環境の整備に加えて、来年度から始まる新学習指導要領を着実に実施していくとともに、現在行われている中央教育審議会における議論も踏まえ、教育課程や教員免許、教職員配置の一体的な制度の見直しや、研修等を通じた教員のICT 活用指導力の向上、情報モラル教育をはじめとする情報教育の充実など、ハード・ソフトの両面からの教育改革に取り組みます」とその意気込みを示した。デジタル教育を梃子として公教育像全体の「劇的」な転換を志向する姿が、ここにある。

　まず、今に至るデジタル教育の経緯を押さえておこう。以下の「デジタル教育化年表」をみれば、GIGAスクール構想が突然に企画されたものではなく、21世紀初頭から準備されてきて、新型コロナウイルスの感染拡大という災害に便乗して強行実施されたものであることが分かる。その狙いは教育機会の平等の実現よりも、「個別最適化した学びの効率化」[10] のためであり、そのためにデジタル教育機材の投入とそれを扱う教職員の変質が眼目となっている。

教育デジタル化年表

　1982年 3 月、公立学校ICT設置設率は小学校0.1％、中学校1.8％、高等学校

45.6％。わずか40年前の義務制の公立小中学校には、たった一台のPCもないのが普通の風景であった。

1985年、「コンピュータ教育元年」、国庫補助20億円投入。

1987年、臨時教育審議会「教育改革に関する第3次答申」において学習者の自発性・創造性を高めるあらゆる情報技術を活用した新しい教育システムの構築を求めた。

1989年3月設置率、小学校21.0％、中学校44.8％、高等学校96.3％。

2000年11月、IT基本法。その後、デジタル教育の進展がみられる。総務省は2014～2016年度にかけて教育クラウドプラットホームについて「先進的教育システム実証事業」を展開した。

2017年12月26日、文科省は新学習指導要領の実施を見据えて「2018年度以降の学校におけるICT環境の整備方針」を策定した。この時点での目標水準は、学習者用ICTを3クラスに1クラス分程度でしかなかった。指導者用ICTは授業を担当する教員一人一台。大型提示装置・実物投影機、超高速インターネット及び無線LAN、統合型校務支援システムの100％整備、ICT支援員を4校に1名配置、である。このため、2018年～2022年度にかけて単年度1805億円の地方交付税措置を講じた。

2018年3月設置率、ICT1台当たり児童生徒数5.6人。従前の設置率は学校に1台でもある場合の数値であった。2018年、経産省「DXレポート―ITシステム "2025年の崖" の克服とDXの本格的な展開―」。2018年、安倍首相「世界最先端IT国家創造宣言」にて行政文書のデジタル化、紙文書の撤廃を求める。2018年、経産省、「未来の学校」とEdTech研究会第1次提言にて「学習者が主体的で個別最適化された」、「学びの生産性を上げる教育のイノベーション」に言及する。

2018年、第3次教育振興基本計画では超スマート社会（Society5.0）の実現に向けて、目標17「ICT利活用のための基盤の整備（初等中等教育段階）」では、情報活用能力の育成、主体的・対話的で深い学びの視点からの授業改善に向けた各教科等の指導におけるICT活用の促進、校務のICT化による教職員の業務負担軽減及び教育の質の向上、これらを実現するための基盤となる学校のICT環境整備の促進などを挙げている。

2019年12月、閣議決定された2019年度補正予算として1兆円規模の「デジタル・ニューディール」関連予算が成立し、初めて1人1台ICTという段階に

至る。GIGAスクール構想では一人一台学習者用ICTを完備するため2318億円（公立学校2173億円、私立学校119億円、国立学校26億円。ネットワーク関連1296億円、端末関連1022億円）が計上された。また、荻生田文科相を本部長とするGIGAスクール構想本部を立ち上げ、先に記したメッセージ「GIGAスクール構想の実現パッケージ―令和の時代のスタンダードな学校へ」を発した。標準仕様では、児童生徒用端末1台につき国公立学校4.5万円、私立学校はその2分の1。進行中の「教育のICT化に向けた環境整備5か年計画」との調整として地方財政措置は引き続き実施し、それ以外を補助対象とした。小学校5、6、中1に加え、22021年度まで中学校2、3年、2022年度までに小学校3、4年、2023年度までに小学校1、2年に一人一台環境を実現する、とした。

2020年3月、総務省によればマイナンバーカード交付1973万枚（15.5%）が8月には2324万枚（18.2%）。マイナポイントなど誘導策によっても月70万枚。しかし2022年3月末に9千万枚から1億枚という目標には遠い。

新型コロナウイルス対策で、2020年度　度重なる補正予算

2020年4月、2020度予算4兆303億円（30億円増）。「誰一人取り残すことのない、公正に個別最適化された学び」の実現に向けた、先端技術や教育データを効果的に活用した教育活動を展開するための予算。希望する全ての初等中等教育段階の学校が、学習の幅を広げる観点から、適切な場面で遠隔教育を実施する。遠隔教育システムの効果的な活用に関する実証・教師の指導や子どもたちの学習の幅を広げたり、学習機会の確保を図ったりする観点から、学校教育における遠隔教育の導入・活用に関する実証を行う。遠隔教育が特に効果的に作用すると考えられる活用場面及びその実施方法、ICT機器の設置等に関する留意点等を整理する（多様な学習環境の実現・専門性の高い授業の実現に関するポイント 等）。

2020年度から始まる新学習指導要領では、グローバル人材を育成するために情報教育、英語教育を重点化している。

2020年4月、新型コロナウイルス対策補正予算によって、GIGAスクール構想の加速による学びの保障（2292億円）のほか、幼稚園、小学校等へのマスク配布など感染拡大防止策（792億円）、全世帯への布製マスクの配布（233億円）。子育て世帯への臨時特別給付金（1654億円）が措置された。

2020年6月、新型コロナウイルス対策を盛る2020年度第2次補正予算が成

立。当初予算、第1次補正予算と合わせた20年度の歳出は160兆円を超える。学校再開に伴う感染症対策・学習保障等（421億円）、低所得のひとり親世帯への追加的な給付（1365億円）、その他・教員、学習指導員等の追加配置（318億円）・教育ICT環境整備等のための光ファイバ整備推進（502億円）、学校再開に伴う感染症対策・学習保障等（421億円）などである。

2020年12月、2021年度予算案閣議決定、「令和時代の学校のスタンダードの実現」、「ウイズコロナ下の学習・スポーツ・文化・研究活動の継続支援」、「コロナに負けない「安全安心」環境の実現」などを柱とする。令和の時代の学校のスタンダードとして要求は、①少人数指導体制、②デジタル教育の徹底、である。その二つの要素をつなぐ要は、「個別最適化された学びの効率化」であった。なお、デジタル改革基本方針とりまとめでは、「マイナンバーカードの普及。オンライン診療、デジタル教育、国・地方のシステム統一」をし、2021年1月から始まる国会での、IT（情報技術）基本法改正、内閣府設置法、マイナンバー関連法などの整備が示された。

2021年度文教予算

2021年1月28日成立の20兆円規模の第3次補正予算と合わせ、2021年度予算は感染拡大防止に万全を期しつつ、中長期的な課題にも対応する予算として一般会計の総額が過去最大の106兆6097億円となった。新規の国債の発行額は、歳入不足を補うための赤字国債が37兆2560億円、建設国債が6兆3410億円。合計43兆5970億円に上り、歳入全体に占める国債の割合は40.9％となる。新型コロナウイルス対策を名目としたバラマキは終わらない。そのつけは消費税増税などのかたちで国民が負うことになると思われる。

2021年9月に、強力な総合調整機能を有するデジタル庁が設置予定されている。情報システム予算の一括計上を進め3000億円規模の予算を措置し、政府全体の情報システムを一元的に管理する構想である。

文教予算について、全児童生徒が端末を十分に活用できる環境の実現及び義務教育段階の学校におけるデジタル教科書の100％普及（2025年度時点）を目指すとともに、システム全体の統一性や標準化・クラウド化も見据えつつ、ICTによる校務改善を推進。GIGAスクール構想等の効果検証・分析を進め、個別最適な学びや協働的な学びの実現、成果・課題の見える化等を推進。これにより、2021年度までにエビデンスに基づくPDCAサイクルに関する取組を盛

り込んだ教育振興基本計画の割合を100％とする。

　教育のデジタル化として、学習者用デジタル教科書普及促進事業（22億円新規）が始まる。児童生徒の学びの充実に資するよう、小・中学校等を対象としてデジタル教科書を提供し普及促進を図る。オンライン学習システム（CBTシステム）の全国展開（7億円、5億円増）、緊急時における学びの保障の観点から、タブレット等を用いて学校・家庭において学習等ができるオンライン学習システムを希望する全国の小・中・高校等において活用できるようにする。また総務省所管のICT支援員（4校に1人）に加えて、文科省としてGIGAスクールサポーター（4校に1人）の配置が、新たに予算化された。

　文科省内に置かれた「教育データの利活用に関する有識者会議」第4回会議では、2023年度をめどに希望する家庭、学校へのマイナンバーカードの利活用、2024年度の教科書採択に向けてデジタル教科書の検定制度の改正、教員のICT教育指導力向上のための大学の教員養成課程、在職者研修の強化等が議論された。2021年度中に、デジタル教科書の今後の在り方等をまとめる。

見えてきた3つの課題

　公教育像の転換を促すデジタル教育に3つの課題がある。1つ目に地域性の希薄化である。2020年に視察をした首都圏の転入人口の多い都市にあるA小学校は、文科省委託の研究拠点校である。一人一台のデジタル教育の先進的な公立学校である。みたものは、手慣れた手つきでタブレット端末を触り、協働学習を行う児童の姿であった。しかし肝要なことはそこではない。大河の脇にあるその学校にとって地域課題は特段に重要であるように思える。川辺の低い土地で共生してきた暮らしは、利便さだけではなく、台風等による河川の氾濫など大規模災害への生活の知恵としての安全対策があって成り立つはずだ。同時に地域とともに創る持続可能な「学びのかたち」の必要性を発表しているにもかかわらず、民間情報産業の支援を得て繰り広げられた生活科、総合的な学習の時間の授業風景からは、地域のにおいを感じることはできなかった。それは近年流入してきた都市中産階級のグローバル人材養成という教育欲求に応えた教育のためか、災害への関心が見られないなど地域性の希薄さをうかがわせるものであった。公立学校は根無し草の教育であってはならないのだ。

　2020年11月20日、ユニセフは『COVID-19による失われ世代を生まないために』を発表した。6項目の対策の最初は、「デジタル格差の解消などを通じ、

すべての子どもたちの学びを保証する」ことである。デジタル教育で大切なことは地域間、地域内の格差を最小化する努力である。GIGAスクール構想は、国策でしかなく、地域に住む様々な階層の教育への願いという内発性をくみ取り調整して実施しているのではない。過疎化、貧富の差の拡大、防災・防疫など地域は深刻な課題を抱えている。そのようなリアルな地域にあるリアルな学校から、地域性を失ったヴァーチャルな学校に転換する傾向を見る。

　また、民間企業の人的な援助がなければ、成り立ちようのない授業を研究指定校以外が行うためには、教育の外部委託を必須とする教職員組織の抜本的な転換が必要と思われた。公設公営という、これまでの本採用地方公務員が担ってきた義務制公立学校の内部に地殻変動が起きているのである。それは文科省で進めてきた教職員の非正規化の拡大、外部人材の活用にも、そして2021年度から実施される35人学級の定数課題にも関連する。

　2つ目にデジタル教材も問題である。もとになる学習指導要領のコード化によりデジタル教科書（電子書籍）は有用性を高めている。2019年、文科省は学校教育法改正によってデジタル教科書を使えるようにした折に教科ごとに授業時間の二分の一未満とした規制を撤廃する方向である。これまで主たる教材である教科書の無償は紙の教科書に限られており、補助教材扱いのための国庫財源はつかないために自治体独自予算か利用者負担であった。2024年に向けて、デジタル教科書の無償化も検討中である。2021年度には、およそ半数の小学校5、6年、中学校全学年へ、学習者用デジタル教科書の実証、検証事業として、パブリッククラウドによる供給方式で配信する。一斉に使用した場合の回線等容量オーバーや家庭でのネットワーク環境の課題は残っている。

　教材教具はますます現場の教職員の手を離れて、学習指導要領に基づいた文科省の作成するデジタル教科書、デジタル教材を用いた教育の中央統制的な要素を強める。デジタル教科書の使用は、2024年の新教科書から本格実施される段取りである。教育行政の要である教科書検定のあり方の見直しも検討されている。中教審答申通りに現在の授業時数を基とする履修主義に学習内容が身についたことを重視する修得主義を加味することになれば、デジタル教育で実施する場所、形態は公設公営の学校に特定する必要がなくなるのではないか。

　3つ目に子どもの学習データ等のゆくえである。すでに、都道府県ごとに開発された統合型校務支援システムの内容が「教育データの利活用に関する有識者会議」の作成した「教育データ標準」（主体情報、内容情報、活動情報から

構成されている）によって全国共通化されることが明らかになっている。子どもたちは性別、生年月日、在籍校、学年をベースに、「出欠、健康状況等の生活記録」、「学習記録、成果物、成績・評価情報という学習活動」、「指導に関する行動の記録としての指導活動」も蓄積される⁽¹¹⁾。この学習指導要領のコード化とリンクした、個々の児童生徒の学習履歴（スタディ・ログ）や健康診断等の学校保健情報（ライフログ）の収集・分析・活用は、重要な問題である。「教育データの利活用に関する有識者会議」の議論の先には、教員がおこなう教授労働は、デジタル教科書、付属教材を民間企業からクラウドにより、そして児童生徒の学習履歴、健康履歴等をビッグデータから引き出し、マッチングさせ、そしてモニター越しの監視に転換する姿が想像できる。そのため大学の教育課程が変わり、ICT教育に向けた在職者研修がこれから始まる段階である。なお、文科省が手掛ける全国学力・学習状況調査のCBT（Computer Based Testing）化もGIGAスクール構想の一環として検討されている。政府はマイナンバーカードに児童生徒の個人情報である学習履歴等を紐付けて、活用する計画を持っている。「マイナンバー制度及び国と地方のデジタル基盤 抜本改善ワーキンググループ 報告（案）の概要」（2020年12月11日）には、「2-4 学校健診データの保管のデジタル化とマイナポータルからの閲覧の実現 ・ GIGAスクールにおけるマイナンバーカードの有効活用」が挙げられ、生涯にわたる健康データの管理が始まろうとしている。日本で進行する計画には、個人情報を自らコントロールする権利を重視する情報民主主義の要素は希薄である⁽¹²⁾。

2．35人学級のカラクリ

戦後50人以上のすし詰め教室から始まった

　戦後、50人以上の子どもが学ぶ大規模学級から始まった学校教育は、1958年「公立義務教育諸学校の学級編制及び教職員定数の標準に関する法律」（義務標準法）の制定とともに10年計画を策定し、1953年に再開された義務教育費国庫負担制度を財政的基盤として、順次学級規模を縮小されてきた。40人学級が実現し、次は35人学級に向かう途中で、2006年の「簡素で効率的な政府を実現するための行政改革の推進に関する法律」（行政改革法）によって年次計画が頓挫した。この行革改革法の影響は決定的であり、その後、文科省はチームティーチングや特定教科の少人数教育などへの非正規教員の加配措置を加速させた。そのため一時は6万人もの非正規が存在した。2011年度以降は小学校1年生

だけが35人学級という変則的な基準で学校教育が行われてきた。それが、新型コロナウイルスの感染拡大を契機として再び動き出したのである。経緯は表「学級編制の標準の変遷、改善の概要」を参考にしてほしい。

表　学級編制の標準の変遷、改善の概要

年次計画	標準法以前	第1次	第2次	第3次	第4次	第5次	第6次	第7次			
年次計画		1959年〜1963年	1964年〜1968年	1969年〜1973年	1974年〜1978年	1980年〜1991年	1993年〜2000年	2001年〜2005年	2006年〜2010年	2011年	2021年
学級規模	60人	50人	45人			40人			40人	小1, 35人	小1.2,35人
主な内容		1 学級編成（50人）の標準を明定。2 教職員定数の標準を明定。3 対象職種を校長、教頭、教員、養護教員等、事務職員、寮母等	1 45人学級を実施。2 複式学級の編成標準の改善。3 対象学校種を養護学校小・中学部に拡大。4 教職員配置率の改善	小学校における4個学年複式学級の解消及び中学校における3個学年複式学級の解消並びに他の複式学級の編成標準の改善		1 40人学級を実施。2 教頭定数をはじめとした教職員配置率の改善。3 教育困難校等加配及び研修等定数の増	1複式学級の編制標準の改善。2チームティーチング等指導法の工夫改善のための定数加配措置。3通級指導、不登校対応等加配。4教頭及び養護教諭の複数配置等		2006年行政改革法、特別支援教育及ぶ食育の充実	小1のみ学級編制の標準を35人（4000人）。	小学校の35人学級編成を再開。小2学級を学級編成の標準を35人。以降、学年進行方式で実施。

少人数学級への再開

　2020年 4 月、14歳以下の子どもの数は1512万人と、総人口に占める割合は12.0％である。自治体主導の少人数学級化はその実態を反映したものである。

　2021年度から小学校 2 年生からの年次計画がはじまる。2022年度には小学校 3 年生、2023年には小学校 4 年生、2024年には小学校 5 年生、2025年度には小学校 6 年生である。理由として挙げられたコロナ対策として教室の三密を避けるため（それなら体格の大きな中学校から始めるはず。中学校の35人学級化は今後の検討課題）以上に、「一人一人に行き届いた教育」を行うためである。それは「個別最適化された学びの効率化」のことである。そしてGIGAスクールや2022年度から予定されている小学校 5 、6 年の教科担任制導入によって「教育の質を向上する」施策と連動する。そこでは向上する質の意味が違ってきている。日本産業技術教育学会は小学校プログラミング教育の専任教員の制度化を提言している（2021年 1 月27日）。学級担任制の放棄は、教科ごとに切り分けた資質能力で個々人の育成を考えることへの転換である。

　少人数によるきめ細かな指導体制の計画的な整備では、改善に伴う教職員定

数の改善数は総数で13574人、2021年改善数は744人である。内訳をみよう。改善事項1「35人学級の実現（小学校全学年）」には改善総数12449人、2021年度519人。改善事項2「少人数学級実現に伴う教職員配置の充実」改善総数1125人、2021年度225人。改善事項2の小区分は、「副校長・校長の配置充実」総数480人、2021年度96人。「生徒指導／進路指導担当教員の配置充実」総数165人、2021年度33人。「事務職員の配置充実」総数480人、2021年度96人、である。

「令和3年度文教・科学技術予算のポイント（概要）」をみると、「少子化を反映した自然減（前年度比▲995人）を起点に ① 小学校2年生を35人以下学級とし、加配措置から基礎定数になることによる増分（＋744人）、② 加配定数の見直し等による減等（▲620人）、③ 平成29年法改正による通級指導等の基礎定数化（＋397人）」。したがって、定数改善の実数は1141人（改善3141人―振替2000人）である。2021年度文教予算1兆5164億円（▲57億円）である。上記に加え、非正規採用を前提とする部活動指導員やスクールカウンセラー等の外部人材の配置も積極的に進められている。

すでに35人学級はもとより、30人以下学級を実現している大分県、名古屋市など多くの自治体が政府からの財政的な保障もない中で、少子化という現実を反映して、少人数学級を先行実施してきた(14)。2001年の標準法改正によって都道府県の判断により、児童生徒の実態等を考慮して、国の標準（40人）を上回る特例的な学級編制基準を設定することが可能となっていたからである。

自治体財政で少人数学級を実施する場合には、非正規公務員を雇用する場合がほとんどであり、労働に対する正当な対価を得ているとは言えないのが現実である。そこに文科省が35人学級を段階的に実施することになり、正規職員配置が可能となった。現にある少人数学級への財源を国庫で三分の一負担するようになることは、文科省や地方財政当局にとって財政問題上の朗報である。これを契機に非正規学校職員の本採用への任用替えを実施すべきである。

今回、文科省が財務省の反対を封じ込められた理由は、新型コロナウイルスへの対応という社会的な背景が強かったと思われる。新型コロナウイルス感染症拡大による長期休校を踏まえ、政府の教育再生実行会議（2020年7月20日）、は「三密回避で少人数学級導入議論」を論じていた(15)。多忙化解消のためであれば、これまでのように教員補助スタッフや部活動指導員の配置要求が優先される。だが、新型コロナウイルス感染拡大対策は名目であり、さらに多忙化

解消も勤務時間内（変形時間制導入も含めた）での労働密度向上の効率化策でしかなく、個別最適化した学びの効率化のための少人数指導の実現が、本当の目的であると考えられる。教育の質の転換がそこにある。

少人数学級の政策意図と 3 つの課題

　一つ目の課題は教職員組織の構造把握である。学校職員は大きく分けて、1 義務標準法があり義務教育費国庫負担制度（国庫負担三分の一）のもとにある教員、事務職員、学校栄養職員の標準定数法適用特定 3 職種と、2　政策目的から措置されている学校職員に分かれる。2 のうち文科省の政策を反映して国庫補助のある職員（部活動支援員、GIGA スクールサポーターなど）、地方交付税措置されている職員（ICT 支援員など）、そして自治体単独措置職員に分かれる。「チーム学校」という分業体制である。

　少子化、過疎化という社会状況を反映して学校の小規模化、学校統廃合により教員の絶対数は減少傾向にある。また、教員の非正規割合も高率で推移している[16]。他方では、特定 3 職種内の事務職員は2021年度には96人が定数内加配される。また教員を中心とする義務教育費国庫負担制度には含まれない、時々の教育行政政策から配置された学校職員が増大している。注目すべきことは、2021年度予算をみると「感染症対応を含むスクール・サポート等の外部人材の充実」に183億円（146億円増）、「GIGA スクールサポーター」4 億円（新規）など非正規学校職員、外部人材が大きく拡大している点である。その内訳をみると「学習指導員等の配置」1 万 1 千人（3000人増。国庫補助三分の一）、「スクールサポートスタッフ」9600人（5000人増、国庫補助三分の一）、「中学校における部活動指導員の配置」1 万800人（600人増、国庫補助三分の一、都道府県三分の一、市町村三分の一）、「スクールカウンセラー」（全校配置、国庫補助三分の一）、スクールソーシャルワーカー（全中学校配置、国庫補助三分の一）である。その数は基幹職種といわれてきた国庫負担教職員の改善の比ではない。人的配置以外にも民間委託事業が盛り込まれている。国庫負担法職員であれ、そうでない場合も国からの補助は満額が来るのではない。自治体は、たとえば三分の二は負担せざるを得ず、地方財政を圧迫している。

　上述したように、「きめの細かな指導体制」を実現する35人学級を実施するためには、教員の増員だけではなく、管理職や様々な学校職員の増員（たとえそれが非正規化や外部人材であっても）が必要であり、それを文科省は一定の

024

負担、補助措置を行い教員以外の職員の増員を図り、分業体制を作ってきた。

　35人学級という改善施策の評価は、学校の教職員組織の変質をふまえて、行う必要がある。変質とは学校では直接授業活動を行う教員の絶対数、割合とも減少している現実を把握し、そのうえ個別最適化した学びの効率化を目指す多職種構成のピラミッド型学校運営スタイルへの変更をめざす人事管理施策としてあることである (17)。普通教育を実施する公立の義務制小中学校は地方公務員によって担われるという学校像（公設公営）は、虫食われ朽木が倒れるように内部から崩壊しつつある。代わって公・私混合型の学校像が現れている。

少人数学級を実現するための環境整備

　課題の二つ目は、人的配置だけにしか焦点が当たっていないことである。環境整備がなおざりにされている。学校設備に関しては、「児童生徒等の安全と健康を守り、計画的・効率的な長寿命化を図る老朽化対策を中心とし、「新たな日常」を支える学校施設等の整備を推進」するとして学校設備整備に2021年度予算で688億円が措置されている。主に、老朽化と三密を避けるためにオープンスペースなど自由空間の整備、空調設備、トイレ洋式化・乾式化、給食施設のドライシステム化である。また、2020年に改正バリアフリー法が公布され、これに伴いバリアフリー基準適合義務の対象に公立小中学校が追加された (18)。バリアフリー化工事の補助率が三分の一から二分の一に引きあげられた。

　文科省「少人数によるきめの細かな指導体制の計画的な整備の検討について」（2020年10月21日）によれば、公立小・中学校の普通教室の平均面積は64㎡（8m×8m）である。そこに教卓、85型電子黒板、充電保管庫等などがあり、加えて情報端末やノート、補助教材などを置ける650×450の児童生徒用机（新JIS規格）を配置し、三密を避けるために1m以上の身体的な距離を確保するのは容易ではない。この文科省見解では30人学級は物理的に必須だ。そして、一教室を少人数にすれば、学級数増が必要となり教室そのものの増加も必要になる。だがその点については、文科省の2021年度予算をみると全く触れていないことが気がかりである。「空き教室」があり、新たに増設が必要ない状況も含めて、35人学級に伴う学級数の現状調査を実施し、明らかにする必要があろう。学び舎は教室を指すだけではなく学校全体を指すのだ。

　課題の三つ目は、現在、学校統廃合の影響を受けて学区が広がり、遠隔地にある学校へスクールバスや公共交通機関を乗り継いで通う児童生徒の存在は大

きな社会的課題となっている点だ。小学校 1 年生はわずかに 6 歳である。片道1時間もスクール・バスに揺られて学校についても疲れて、集中して学べないだろう。健康面、心理面から見ても良好な学習環境であるとはいいがたい。

　35人学級に当たって2021年度は財務省も飲み込める財政規模であったと思われる。しかし、今後、改善総数13574人（小学校35人学級分12449人）措置に加えて、中学校や30人学級への改善拡大のためには、自然減等で相殺するには限界があるのではないか。その場合、学校統廃合をすすめて増員分を確保するという方策も十分に想定できる。「学校基本調査」を分析すると、2020年度は1年間で小学校では208校減、中学校でも78校減と統廃合が再び拡大した。今後、さらに学校統廃合がおしすすめられることも考えられる。そうなれば、学習するために必須な通学という子どもたちにとって重要な要素が悪化することになる。すでに、地域によっては学校統廃合が不可能な地域も現れ、そこでは遠隔オンライン教育への切り替えさえ課題となってきている[19]。

　他方で、さいたま市では人口増加地帯である南区の学校を統廃合して3000人規模の小中一貫校「武蔵浦和学園」構想という劣悪な教育環境が危惧される政策を打ち出した。小規模学校への構想に練り直すことが必要である。

課題の改善についての3方策

　新自由主義的な公教育像の転換に直面して、地域間での格差、地域内での階層分化の分断状況を、次世代にも広げる装置として学校教育を機能させないためには、学校現場で苦しんでいる児童生徒、学校職員の声に耳を傾け、内発的な改善を保障する教育行財政施策が望まれる。21世紀の公教育像の全般的な作り直しについては別の機会に譲るとして[20]、この小論で扱ったデジタル教育と少人数教育に絞って、改善の方策について 3 点の問題提起を行いたい。

　1 点目はデジタル教育に関する視点である。一人一台PCの急速な導入に対して、教職員、教育関係の研究者からは、ほとんど異議もなく、抵抗もなかった。背景として、「内外事項区別論」という論理による思考停止の影響が今なお続いていることも考えられる[21]。多忙化解消には興味があっても、デジタル教育がもたらす教授労働の変質には関心が低い。

　子どもの人権を尊重したデジタル教育のための最低限の前提は、個人情報保護の拡充である。EUにおいて2018年から施行されているGDPR（General Data Protection Regulation：一般データ保護規則）では、人種、政治的思想、

医療等に関する情報は「特別なカテゴリの個人データ」として特別な条件を満たさない限り、取扱いが禁じられている。カリフォルニア州でもEU並みのデータ収集の通知義務、個人のデータ開示、削除要求などへの違反罰則をつけたプライバシー法が2020年から施行された。このように個人情報についての規制強化が行われているのは、GAFAに代表されるグローバルなIT企業群による情報収集・活用への危機感である。世界はGAFAと中国のデジタル権威主義によって支配的な影響下にある。日本では、2020年10月から第2期政府共通プラットホームが開始した。教育データ標準も無縁ではない。政府共通プラットホームのベンダー（製造・販売供給元）はAmazonである。が、政府の危機感は感じられない。教員の業務も文科省が標準化した遠隔オンライン教育の監視業務に転換することの危険性を喚起したい。さらに、ユニセフのようにデジタル教育による貧富の格差拡大への対策も講ずべきと考える。

　2点目は小学校だけの35人学級に止めず、中学校、高等学校も含めた30学級を射程に入れた改善が必要である。それは14歳以下の人口減少が続く中では困難な課題ではない。さらに、学級規模だけではなく小規模学校への高い評価が重要である。児童生徒にとってより良い学習とは、普段の生活に密着した地域環境で普段使いの知識、技能が学べることである。そのためには、義務教育段階では、学校の標準学級規模12〜18学級を例えば6学級〜12学級へと改善し、統廃合を避けることが鍵となる。複式学級も積極的な設置を促す政策へ変更する。また、人口増加地域の大規模校は分離すべきである。学校が地域の中にあることで、学校運営の民主的な住民コントロールが可能になる。

　3点目は、新型コロナウイルスの感染蔓延が終息を迎えたとしても、新たな疫病の蔓延や気象変動による自然災害への対応を準備し、地域で一番安全な環境を公立学校に常に築いておくことである。文科省は家庭での遠隔オンライン教育が非常時に限られると、2021年2月19日に突然通知した。家庭は学校よりも感染拡大の可能性が高い[23]。現在の知見では防疫、防災機能（避難所機能も含めた）を強化した学校の学習環境で、非常時でも学習を維持することがよりましな選択である。　　（2021年3月20日執筆）

注
（1）東北地方太平洋沖地震の発生した3月11日、私は、当時勤務していたさいたま市立H中学校事務室にいて震度5弱の地震に見舞われた。教頭が主導し

て生徒を地割れした校庭の隅に誘導するのを手伝い。誘導し終わると、分掌業務としてカメラを持って校舎等の破損等の点検を行った。それが終わると市教委あてに修繕依頼を起案して3月中の速やかな復旧のための手続き。退職前に、破損個所の修繕が完了したことをみることができた。

（2）東京新聞「「一斉休校」首相決断の舞台裏　官邸は文科省の代案を突っぱねた」2020年7月21日。

（3）文科省は2020年4月24日、新型コロナウイルス感染症対策のための小中高校などの臨時休業状況について、調査結果を公表した。休校している学校は全体の91％、臨時休校の実施を決定している学校を含むと94％。

（4）中村文夫「「学校がないと困る」と「なくてもいいじゃないか」のはざまで」『学校事務』2020年8月号。

（5）文科省は2020年4月1日に、「教科書に基づく家庭学習を課するように求める」通知を出している。

（6）2020年5月4日の安倍総理の緊急事態宣言延長の記者会見での言葉。三密とは密閉、密集、密接である。2020年6月1日現在の文科省の「新型コロナウイルス感染症に関する学校の再開状況について」では98％である。

（7）文科省「令和3年度予算（案）のポイント」2020年12月18日

（8）自由民主党教育再生実行本部は、「30人学級の推進及び高等学校のICT環境整備に関する決議」を2020年9月24日に行っている。

（9）中央教育審議会「「令和の日本型学校教育」の構築を目指して（答申）」2021年1月26日。

（10）経済産業省『「未来の教室」とEdTech研究会第1次提言』2018年6月。文科省「Society5.0に向けた人材育成〜社会が変わる、学びが変わる」『文部科学広報』No.223、2018年6月。

（11）文科省「教育データ利活用に関する有識者会議」は、教育データの標準化についてと教育データの利活用についてについて2021年度中にまとめる。

（12）「マイナンバー制度及び国と地方のデジタル基盤抜本的改善ワーキンググループ第6回」資料「マイナンバー制度及び国と地方のデジタル基盤 抜本改善ワーキンググループ 報告（案）の概要」（2020年12月11日）。

（13）2021年度予算1兆5164億円（▲57億円）の内訳は、教職員定数の改善68億円、教職員定数の合理化削減等▲35億円、教職員配置の見直し▲43億円、教職員の若返り等による給与減▲2億円、人事院勧告の反映による給与改定▲45億円。

（14）文科省「令和元年度における国の標準を下回る「学級編成基準の弾力的運用」の実施状況について」

（15）第46回教育再生会議（2020年7月20日）資料。

（16）武波謙三「非正規教職員の実態とその考察（6）－2019年度文部科学省教職員実数調から実態を考察する－」『公教育計画研究』12号、2020年6月。

(17) 中村文夫『学校事務クロニクル』学事出版、2020年。

(18) 文科省「高齢者、障害者等の移動等の円滑化の促進に関する法律の一部を改正する法律の公布及び一部の規定の施行等について」2020年6月24日。

(19) 文科省「遠隔教育システム活用ガイドライン」(第2版) 2020年3月。

(20) 中村文夫『アフター・コロナの学校の条件』岩波書店、2021年。

(21) 「国民教育論」では教育内容、方法など教育課程にかかわる内的事項については国家権力から自由であるべきだが、教育施設・設備など外的事項は行政を介した国家権力の統制が及ぶことは当然という「内外事項区別論」に立つ。

(22) 欧州評議会「デジタル環境における子どもの権利の尊重、保護および充足のためのガイドライン」日本語仮訳：平野裕二、2018年。などを参照。

(23) 2021年2月26日、文科省発表によれば、2020年6月以降2021年1月までの小中高校生の感染者数は1万2107人。感染経路は家庭内6812人、学校内1663人、それ以外929人、経路不明2652人など。学校で5人以上のクラスター発生は236件。

（公教育計画学会会員　教育行財政研究所主宰）

特集1　With/Without COVID-19の教育政策

コロナ禍に子どもの食生活を守る学校給食

鳫（がん）　咲子

　本稿では、小中学生の生活に占める学校給食の役割に注目して、コロナ禍など非常時において子どもの間の格差を小さくし、食生活を守る方策について考えたい。コロナによる臨時休校下においても、学校給食には子どもの食格差を小さくする機能があることが顕在化した。コロナ・災害などの状況下では、給食を提供できない・給食費を払えないという状況も生じ、影響の長期化に伴い子どもの生活の格差も拡大する。給食費を補助する就学援助制度には、予算の制約・不十分な制度周知などにより自治体間格差が大きいという問題がある。学校給食の無償化は、選別主義による就学援助による支援を、普遍的な現物給付に転換する効果がある。

1．学校の臨時休業と昼食提供

　2020年3月、新型コロナウイルスの感染症対策のため、学校の臨時休業が急きょ要請され、小中学校の給食用食材の使い道が問題となった。給食用だった食材を活用して、学童保育[1]に通う子どもなど希望者に昼食提供を行う試みが千葉県南房総市、神奈川県海老名市、大阪府岸和田市、和歌山県太地町、鳥取県琴浦町、高知県黒潮町など複数の自治体で行われた[2]。臨時休業という非常事態において、学校が教育の場だけではなく、子どもに昼食を提供するという大きな役割を担っていたことが再認識された。

　このような自治体の一つである埼玉県越谷市では、2006年から学童保育に給食センターから配食して夏季給食を実施している。このノウハウを活かして、コロナ対策で休校となって学童保育などへ通う小学生に3月後半に主食の提供を行った。東京都世田谷区でも2019年から開始した経済的に困窮する家庭などへの弁当配達事業を拡充して、学校休業期の弁当配達事業を行った。このように普段の経験の蓄積が、非常時に自治体が直ぐに何かできるかに役立つ。

国際的なＮＧＯ「セーブ・ザ・チルドレン」が2020年3月に日本全国の子どもを対象に行ったアンケートでも「困っていること・心配なこと・気になっていること」として、「給食がない」「お昼ごはんどうするか」「お腹がすいている」が挙げられた。「食料を無料で配ってほしい」という子どもからの要望もあった[3]。「セーブ・ザ・チルドレン・ジャパン」が食料を支援した東京23区内のひとり親家庭を対象に5月に行ったアンケートでは、支援を受けた理由として、「給食が無く食費が増えた」「十分な量の食料を買うお金がない」という回答が多かった（図表1）[4]。

図表1　新型コロナウイルス感染症対応・ひとり親家庭
応援ボックス申込理由（複数回答）

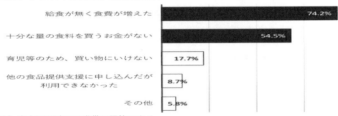

（注）東京23区内310世帯の回答である。
（出所）セーブ・ザ・チルドレン・ジャパン（2020）「ひとり親家庭応援ボックス申込結果」。

シングルマザーを支援する当事者団体「しんぐるまざあず・ふぉーらむ」が4月に支援した全国のひとり親家庭に行ったアンケート調査では、収入が減り昼食代など食費の支出が増えた状況下で、お粥にするなどの調理や食材の工夫、食事の質を落とすこと、食事の回数と量を減らすこと、フードバンクを利用することなどで食費を節約していることが明らかになった（図表2）[5]。

図表2　節約のための工夫（複数回答）単位：人

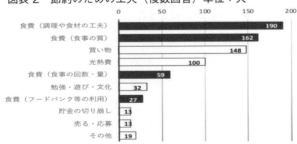

（注）回答者数901人。
（出所）しんぐるまざあふぉーらむ（2020）「ひとり親家庭への新型コロナウィルス（COVID-19）の影響に関する調査」。

　市民団体「「なくそう！子どもの貧困」全国ネットワーク」は、学校給食が
1日の主な栄養源である可能性のある家庭の子どもに対して、休校中も給食の
提供を検討するなど、子どもの食を公的に保障することを求める要望書を総理
大臣・関係大臣に提出した[(6)]。臨時休業という非常事態において、学校が教育
の場だけではなく、子どもに昼食を提供するという大きな役割を担っていたこ
とが再認識された。

２．就学援助の活用

　2020年4月には首都圏などを対象に緊急事態宣言が出され、経済活動も大
きく落ち込み、2008年のリーマンショックを超える影響が懸念されている。リ
ーマンショック時には、給食費などを支援する就学援助を受ける小中学生が増
えた（図表3）。2018年度では、就学援助・生活保護の支援を受ける小中学生
は全国で139万人に上り、小中学生の14.9%、「6.5人に1人」が支援を受けて
いる。給食費未納をきっかけに就学援助を受ける家庭もある[(7)]。給食にかかる

　図表3　援助を受ける小中学生の推移

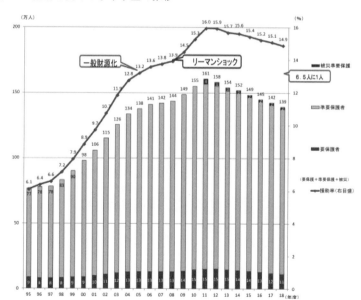

（注）援助率は、生活保護を受ける要保護者、就学援助を受ける準要保護者、
被災準要保護者（国費：東日本10/10、熊本2/3）が公立小中学校児童生徒
総数に占める割合である。
（出所）文部科学省（2020）「要保護及び準要保護児童生徒数の推移」。

費用のうち、人件費、設備費などは公費で賄われているが、食材費相当が保護者負担の給食費として徴収されている。

　東日本大震災、熊本地震など被災地の小中学生の支援にも就学援助が活用されている。大規模災害時の就学援助では、東日本大震災は10/10（全額国費）、熊本地震は2/3の補助率で国費が支出された。2005年の三位一体の改革以降、就学援助への国庫補助は廃止され、一般財源化された。就学援助は市町村の単独事業であるため、実施率・制度の周知状況などに自治体間の格差が大きい。東日本大震災の被災3県では、補助率10/10の国からの支援を受けることにより全国平均程度の支援が行われた（図表4）[8]。

　また、学校給食が実施されていれば、就学援助により給食費相当分の支援を受けられた小中学生への昼食代の支援は当然に必要である。この観点から、新型コロナ対策として就学援助対象者への昼食費の現金支給を決めた自治体には、東京都豊島区、文京区[9]、奈良県奈良市[10]、兵庫県南あわじ市がある[11]。例えば、豊島区では、休校となった区立小中学校等の就学援助対象者に対して、昼食費用一律7,500円（500円×15日分）を緊急支援した。しかし、これらは一部の市区町村にとどまり、1.で述べたように困窮する家庭も少なくない。休校となった小中学校の就学援助対象者への昼食代支援を漏れなく行うには、国の支援が欠かせない。

図表4　震災直後（2011年度）の被災3県と全国の就学援助の状況

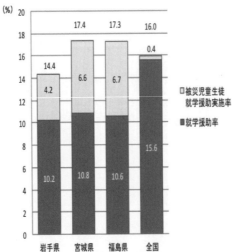

（出所）文部科学省（2020）「要保護及び準要保護児童生徒数について」。

3. 就学援助の課題

　就学援助による支援には、2で述べたように自治体間の実施状況の格差が大きいという問題がある。静岡県の調査では、「貧困層に相当する世帯」[12] でも、就学援助を利用している世帯は37.5％に留まり、58.3％は利用していない（図表5）

　静岡県は、県別の就学援助率が全国2番目に低く7.4％と、全国平均の半分以下の水準である [13]。就学援助は、生活保護の基準額を少し超える所得の小中学生のいる世帯が市町村に申請することなどによって認められる。1.3倍程度の基準を設定している自治体が多いが、1.0倍から1.5倍超まで自治体によって格差がある状態である。

　静岡県の調査で「貧困層に相当する世帯」が利用していない理由は、「必要なかったため申請しなかった」52.6％以外では、「知らなかった」15.5％、「必要であるが、基準を満たさなかった」10.3％が多い（図表6）。「手続きがわからなかった」6.7％、「申請したが認められなかった」5.2％、「必要であるが、周囲の目が気になり申請しなかった」4.6％という回答もある。

　「知らなかった」「手続きがわからなかった」「必要であるが、周囲の目が気になり申請しなかった」という回答は、全員に自動的に適用される制度ではなく申請を前提とする制度であるために生じた問題である。就学援助のように対

　図表5　就学援助の利用（静岡県・％）
　　　貧困層に相当する世帯でも58.3％は利用していない

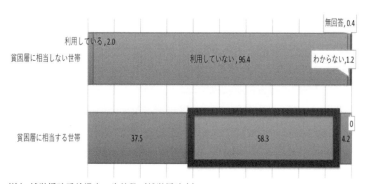

（注）就学援助受給児童・生徒数（就学援助率）
　【静岡県】H19：14,039人（4.46％）→H25：19,265人（6.41％）
　【全国】H19：（13.75％）→H25：（15.42％）
（出所）静岡県「子どもの生活アンケート調査報告書」2019年、
　　　　静岡県「子どもの貧困対策計画」2016年。

象者を選別する支援は、予算の制約を受けやすく、制度の周知も難しく、支援
を受ける人に恥ずかしい気持ちを抱かせるスティグマの問題もある。

図表 6　就学援助を利用していない理由
（静岡県）

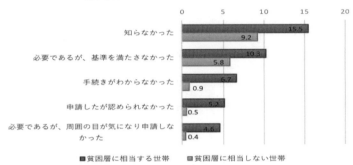

（注）「必要なかったため申請しなかった」（貧困層52.6％、非貧困層78.3％）
　　　及び「無回答」を除く。
（出所）静岡県「子どもの生活アンケート調査報告書」2019年。

４．給食費無償化に向けて

　大阪市では、新型コロナウイルスの感染拡大に対する経済対策として、当初
2021年度から予定していた給食無償化を 1 年前倒して2020年度から実施する
ことになった (14)。大阪市以外にも、コロナ禍の子育て家庭への支援として、
2020年度内の給食費を補助する自治体が増えている (15)。

　このような動きに先行して、近年、規模の小さな町や村を中心に、地域創生
交付金などを活用して、全家庭を対象とする子育て支援としての給食費補助制
度を設ける自治体が増えている。規模の小さな自治体では、地域の目があり、
生活保護や就学援助のような対象者を特定した支援を受けにくい事情がある。
限られた家庭の支援を行う就学援助ではなく、全家庭の給食費補助制度を設け
ている自治体は、全国の約 3 割、506市区町村に及ぶ (16)。内訳は、小中とも76
団体4.4％、小学校のみ 4 団体0.2％、中学校のみ 2 団体0.1％、全額ではなく一
部補助424団体24.4％である（図表 7）。小中とも全額補助している自治体は、
対象となる小中学生の人数が多くても 6 千人程度である。2010年度以前は 6
町村だったが、2017年度には76市町村となり、2020年度までに113市町村に増
加している（図表 8）。

　給食費は年間 4 万円を超え、子どもの学校に関する出費のうち大きな割合を

図表 7　給食費無償化の状況（1740市町村）

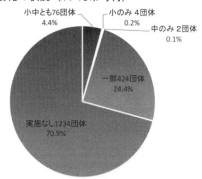

（出所）文部科学省（2018）「学校給食費の無償化等の実施状況」。
（注）各自治体のＨＰ、新聞報道によれば、コロナ禍の2020年度に給食費を
一部又は全額無償とした市町村は115団体に及ぶ。

図表 8　小中とも給食費無償の市町村数の推移

市町村数

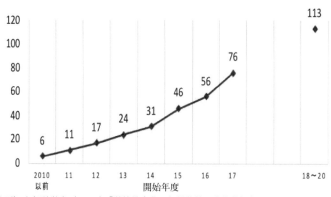

（出所）文部科学省（2018）「学校給食費の無償化等の実施状況」。

占めている（図表 9）[17]。多くの自治体で実施している子どもの医療費の無
料化と同様に、給食費の無償化も広く検討されるべきである。2016年の経
済財政諮問会議では、子ども・子育て世帯の支援策として給食費の無償化
が提案され、年間5120億円が必要との試算も示された[18]。現在の就学援助
による給食費支援は、所得などの支給基準が設けられ、制度の周知も不十
分である。給食費の無償化は、対象者を限定する選別主義による就学援助
の給食費支援を普遍的な子育て支援策に転換し、給食を直接子どもに現物
給付するという意義がある。

図表9　子どもの学習費（一人年間）
塾以外で、小学生約11万円、中学生約18万円

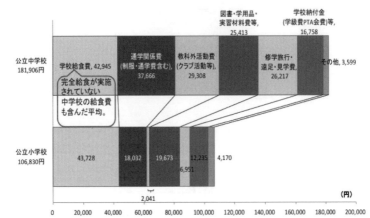

（注）学習塾費など学校外活動費を除く。公立中学生の学習塾費の平均額は、
　　　202,965円である。
　　　中学校の給食費は、完全給食が実施されていない中学校の給食費を含んだ平均である。
　　　文部科学省「平成30年度学校給食費調査」によれば、給食を実施している公立学校の
　　　保護者の年間負担額は小学校47,773円、中学校54,351円である。
（出所）文部科学省「平成30年度子供の学習費調査」2019年12月より、鳫咲子作成。

5.　おわりに

　コロナ禍において、本稿で紹介した「セーブ・ザ・チルドレン・ジャパン」、
「しんぐるまざあず・ふぉーらむ」など多くの民間団体が、子どもや子育て家
庭のニーズに応じて支援を行った。また、休校時に一部の自治体では、希望す
る子どもへの昼食提供・就学援助対象者への昼食代支援を行った。しかし、就
学援助をはじめとする各種の支援の情報には、支援が必要な家庭に十分に周知
することが難しいという課題が残されている。給食費無償化は、この課題を解
決する一つの方法でもある。

　　注
（1）学童保育は、共働き家庭やひとり親家庭の小学生が放課後や学校の長期
　　　休みに利用する。
（2）文部科学省（2020）「学校の臨時休業の実施状況、取組事例等について
　　　【令和2年3月19日時点】」〈https://www.mext.go.jp/content/20200323-mxt
　　　_kouhou01-000006011_8.pdf〉（2021年2月18日参照）、文部科学省（2020）
　　　「臨時休業等に伴い学校に登校できない児童生徒の食に関する指導等につい

て」〈https://www.mext.go.jp/content/20200514-mxt_kouhou01-000004520_3.pdf〉（2021年3月18日参照）。

（3）セーブ・ザ・チルドレン・ジャパン（2020）「2020年春・緊急子どもアンケート結果（速報）〈https://www.savechildren.or.jp/scjcms/sc_activity.php?d=3215〉（2021年3月18日参照）。

（4）セーブ・ザ・チルドレン・ジャパン（2020）「ひとり親家庭応援ボックス申込結果」。〈https://www.savechildren.or.jp/scjcms/sc_activity.php?d=3279〉（2021年3月18日参照）。調査対象の保護者の就業状況は、「パート・アルバイト」42.3％、「正規」20.6％、「無職（求職中を含む）」20.0％、「契約・派遣」11.9％、「自営」5.2％である。

（5）しんぐるまざあず・ふぉーらむ（2020）「新型コロナの影響〜アンケートデータ結果」〈https://www.single-mama.com/topics/covid19-enq/〉（2021年3月18日参照）。

（6）「なくそう！子どもの貧困」全国ネットワーク（2020）「一斉休校時の子どもの昼ごはんを市区町村（地域）で守ろう！（緊急要望書2020年3月12日）」〈http://end-childpoverty.jp/archives/2988〉（20201年3月18日参照）。

（7）給食費未納の実態については、鳫咲子（2016）『給食費未納：子どもの貧困と食生活格差』光文社26〜109頁を参照。

（8）鳫咲子（2015）「被災した子どもの教育支援」青木栄一編『復旧・復興へ向かう地域と学校』東洋経済新報社、175〜198頁。

（9）休校期間の昼食費相当額（500円）を補助。文京区「就学援助」〈https://www.city.bunkyo.lg.jp/kyoiku/kyoiku/gakko/aid/enjyo.html〉（2021年3月18日参照）。

（10）学校休業中の給食費を支給。奈良市（2020）「第18回新型コロナウイルス対策本部会議での協議（2020年4月6日発表）」〈https://www.city.nara.lg.jp/site/press-release/67723.html〉（2021年3月18日参照）。

（11）『神戸新聞』（2019年3月11日）

（12）静岡県（2019）「子どもの生活アンケート調査報告書」では、国民生活基礎調査の貧困線を参考に、調査2987世帯の10.3％を「貧困層に相当する世帯」と設定している。

（13）文部科学省（2020）「平成29年度要保護及び準要保護児童生徒数について（学用品費等）」。一番低いのは、富山県の6.8％である。一番高いのは、高知県の25.8％である。

（14）大阪市（2020）「学校給食費の無償化について」〈https://www.city.osaka.lg.jp/hodoshiryo/kyoiku/0000498361.html〉（2021年3月18日参照）。

（15）各自治体のHP、新聞報道によれば、コロナ禍の2020年度に給食費を一部又は全額無償とした市町村は115団体に及ぶ。

(16) 文部科学省（2018）「平成29年度の「学校給食費の無償化等の実施状況」及び「完全給食の実施状況」の調査結果について」。

(17) 文部科学省（2019）「子供の学習費調査」。

(18) 内閣府（2016）「平成28年第3回経済財政諮問会議説明資料2」。

参考文献

鳫咲子（2016）『給食費未納：子どもの貧困と食生活格差』光文社

鳫咲子（2015）「被災した子どもの教育支援」青木栄一編『復旧・復興へ向かう地域と学校』東洋経済新報社、175〜198頁

「特集　コロナ禍と貧困」（2020）『貧困研究』第25号、3〜72頁。

謝辞

　本研究の一部は、JSPS科研費20H01610の助成を受けたものである。
　（2021年3月18日脱稿）

（公教育計画学会会員　跡見学園女子大学）

特集 1　With/Without COVID-19の教育政策

新型コロナウイルスの影響を受けた公立小中学校の現状と課題

山城　直美

はじめに

　「明日から学校が臨時休業？」日本全国で大混乱が巻き起った。

　当時の安倍首相が全国一斉の臨時休業を要請した2020（令和2）年2月28日から1年が経過した。2020年が始まり、またたく間に世界各地に感染が拡大した新型コロナウイルスは、2020（令和2）年2月末時点、日本においては一日の感染者数が全国で30人弱という数字を示していた。しかし、全世界での感染拡大傾向の状況を鑑み、感染拡大防止のため全国一斉の臨時休業が要請され、全国の8割を超える自治体で学校の臨時休業措置が行われることになり、3月初旬から5月の中下旬までの間、継続されることになった。

　約2か月半の臨時休業措置を終えて学校が再開されたが、そこに待っていたものは毎日の教室等の消毒作業、毎日の検温、3密を避けるための様々な工夫、学校行事の変更や中止等、次々と今までに例のない事態への対応だった。

　中でも、修学旅行の中止に伴い発生したキャンセル料等の様々な支払い等は、悩ましい課題となった。

　また新型コロナウイルス感染症拡大防止のための補助金が学校に配当され、学校の実情に応じた感染予防対策のための消耗品や備品の購入といった予算の執行が行われた。同時期に一斉に注文が殺到したため、品薄となった消毒薬や空気清浄機といった備品等の納入に時間がかかるという問題も発生した[1]。

　一方でGIGAスクール構想の加速による学びの補償として、児童生徒の端末整備支援として学校には児童生徒一人1台のタブレットが導入された。また学校ネットワーク環境の全整備としてWi－Fi環境が整備された[2]。

　教職員は出張が激減し、替わってZoom等を利用したオンライン会議が増えた。出張旅費はかからない反面、オンライン会議への参加費を要求される研修会が増加し、参加費の出所が課題となった。

　突然、臨時休業となってからの2か月半、そして学校が再開されてからの様々な対応を迫られ、新しい生活様式の中で学校の環境が大きく変化した2020年度を振り返り、新型コロナウイルスの影響による学校の環境の変化や教職員への業務負担、新型コロナウイルス感染症拡大防止対策費を中心とした今後の課題について整理をしてみたい。

衝撃の臨時休業措置

　令和2年2月28日、文部科学省は「新型コロナウイルス感染症対策のための小学校，中学校，高等学校及び特別支援学校等における一斉臨時休業について（通知）」を発出した[3]。公立学校における突然の全国一斉臨時休業のニュースに、驚きと不安な気持ちが一気に押し寄せたのは、私だけではなかったはずである。私がこのニュースを聞いたのは、2月27日の業務終了後の帰りの車の中だった。自分の頭の中が一瞬真っ白になったのをよく覚えている。近日中に子どもたちが学校に来なくなるとすると、まず真っ先に頭に思い浮かんだことは「子どもたちの学校徴収金会計の精算をしなければいけない」ということだった。とりあえず、明日からの学校のスケジュールを確認して、頭の中で業務のシミュレーションを考えながら家路についた。頭の中はパニック状態だった。ちょうど2月末日で学校徴収金会計の精算時期ということもあり学年会計や給食会計等の決算事務に既に取りかかっていた。あともう少しで精算が終わるというところまでは事務処理が進んでいて、保護者に決算報告をするまでには少し余裕があった為、他の業務と平行して会計処理を行っていた。

　世界中で急激に感染拡大した新型コロナウイルスは、当時、日本においても少しずつ感染者が増加しており、直近のニュースでは新型コロナウイルスのまん延を防ぐための措置として全国一斉の臨時休業措置の論議もされていた。しかし山口県の感染者はまだその当時は一桁台で、本当に全国一斉の臨時休業になるとは半信半疑なところもあり、あまりニュースを信用していなかった。自分の周りも自分と同じような見解を持っていた者が大半で、2月28日まで臨時休業のことが学校内においても話題に上ることはなかった。

　2月28日、臨時の校内会議が行われ生徒の登校が3月4日までと決まった。3年生は公立高校の受験日が迫っており、卒業式の準備も進行していた。突然の臨時休業措置に教職員だけでなく生徒たちも動揺していた。

　学校徴収金については、あまりに突然の臨時休業措置だったため、柔軟な対

応として今年度に限り来年度への繰越しも可とするという連絡が教育委員会から入っていたので、学校の実情に応じて令和元年度に精算を完了した学校、令和2年度に繰越しをした学校と様々な対応となった。しかし、どちらにしても学校徴収金で苦労をした学校事務職員は少なくなかったのではないかと推測される。私自身もこの時期、連日の超過残業が続いており日にちが変わって帰宅する日もあった。それは学校事務職員だけでなく、学年会計の精算に追われていた教員も同じ状況であった。

　仮に学校徴収金である学校給食費や学年教材費が公費だったらどのような対応となっていたのだろうか。このような突発的な事態にも振り回されることなく、安定的に会計事務が進められたのではないだろうか。山口県では和木町と岩国市で給食費が無償化となっており、長門市、下松市、周南市、山陽小野田市では学校給食費が公会計化となっている。現在、県内において学校給食費の公会計化に向けて検討が進んでおり、宇部市、山口市、光市が公会計化となる計画である。学校給食費の公会計化は学校の働き方改革でもあり、教職員の事務負担軽減効果が大きい。各自治体で早急に進むことを願っている。

在宅勤務、会議の在り方について

　2020（令和2）年4月7日、当時の安倍首相は、東京、神奈川、埼玉、千葉、大阪、兵庫、福岡の7都府県に緊急事態宣言を行い、4月16日に対象を全国に拡大した。

　学校では、新型コロナウイルス感染症の感染拡大防止の観点から、学校保健安全法第20条[4]に基づき臨時休業が行われている当面の間、1日あたりの出勤者が5割程度となるよう教職員の在宅勤務の措置がとられることになった[5]。

　調整は校長が行い、校務運営上の理由で在宅勤務を行わない教職員もいた。特に学校事務職員は個人情報を扱う職種であることから、在宅勤務で行う仕事が限定されるということもあり、在宅勤務がそぐわない状況にある。在宅勤務を命じられた学校事務職員の中には、自宅でどんな業務を行えばよいのか悩んでいた者もいた。

　会議等については、3密を避けるためにほとんどの会議が中止となった。この時期、例年であれば年度初めでPTA総会等を開催する学校が多いと思うが、会員の承認が必要な会議等は書面決議という方法が取られた。

　2学期あたりから学校もオンライン会議がすこしずつ増え始めて、出張先に

行かなくてもWEB会議ができるようになってきた。旅費負担がないため予算面では有効であったが、ネット環境に左右され会議が一時中断したり、校内でオンライン会議を行う場所の確保についても課題が多く残るところである。学校事務職員は、学校の窓口業務もあるため、事務室でのオンライン会議への参加は難しい状況がある。山口市の学校事務共同実施では週に1回30分程度の時間設定を行い、オンライン会議の練習もかねてチャット会議を開催しているが、毎回参加人数は山口市全体で約5分の1程度の人数である。参加者が会議途中で来客対応や電話対応で空席となることが多い。事務室だけでなく、職員室の中でのオンライン会議も児童生徒への緊急対応や電話等で会議に集中できない難しさがある。また、オンライン会議が増加してきたことと併せて、会議の参加料を要求される研修会も増えてきた。参加料の公費負担ができない状況があり、参加料の自己負担が増えている状況が見受けられる。

学校再開に向けて

　文部科学省の2020（令和2）年3月24日付「新型コロナウイルス感染症に対応した学校再開のガイドライン」を受けて、山口県教育委員会は4月24日に「学校における新型コロナウイルス感染症対応ガイドライン」を作成し、市町教育委員会へ発出した。ガイドラインには大きく3つ、「Ⅰ　学校における当面の感染防止に向けた対応方針」、「Ⅱ　教職員の感染防止に向けた対応方針」、「Ⅲ　感染が発生した場合の対応計画（例）」が示されている。「Ⅰ　学校における当面の感染防止に向けた対応方針」としては、基本的な感染防止対策に向けた対応方針として健康観察、手洗い・咳エチケット、教室環境・換気、校舎消毒のほかに、教育活動実施上の留意点として、3密を避けるなどの学習指導上の留意点や家庭科や音楽などの特に配慮を要する教科についての留意点、学校行事等における留意点、学校給食における留意点、部活動における留意点が示されている。「Ⅱ　教職員の感染防止に向けた対応方針」では、職員室・事務室・準備室等における対策、教職員の移動の際の感染防止として通勤や出張、勤務や服務、私的な移動（県外への移動）について示されている。「Ⅲ　感染が発生した場合の対応計画（例）」として、感染者が発生した場合の校内体制の整備や校内で感染者が発生した場合の対応（初動対応等）、連絡体制の整備と確認が示されている。

　上記のガイドラインに従い、山口県においては5月のゴールデンウィーク明

けから市町ごとに学校が再開し、5月下旬には県内すべての学校が再開された。

　表1は、新型コロナウイルス感染症に関する学校の再開状況について、全国の幼稚園から専修学校高等課程までの臨時休業実施の推移であるが、6月1日現在では全国のほとんどの幼稚園並びに学校が再開されている。

表1　新型コロナウイルス感染症に関する学校の再開状況[6]

臨時休業実施の推移（令和2年）						
	公　　立			私　　立		
	4/22	5/11	6/1	4/22	5/11	6/1
幼稚園	73%	77%	2%	74%	69%	2%
小学校	95%	88%	1%	98%	90%	9%
中学校	95%	88%	1%	99%	92%	8%
義務教育学校	95%	87%	3%	100%	100%	0%
高等学校	97%	90%	0%	98%	88%	6%
中等教育学校	100%	100%	0%	100%	88%	11%
特別支援学校	96%	90%	2%	79%	60%	10%
専修学校高等課程	100%	80%	0%	93%	82%	4%
計	93%	87%	1%	82%	76%	4%

感染症予防作業

　学校再開当初、教職員の大きな業務負担となったのは教室等の消毒作業だった。児童生徒が下校した後、教職員が分担して校内の消毒作業にあたった。当時、感染症予防に必要な消毒薬、マスク、フェイスシールド等が店頭等で売り切れが続出しており、入手に困難を極めていた。校舎の消毒等には消毒用エタノールが不足していたので、次亜塩素酸ナトリウム希釈液を使って対応した。

　学校が再開されて子どもたちの元気な声が学校に戻ってくると、学校は活気を取り戻していったが、学校再開後の1か月間は、どこの小中学校も感染症予防対策で学校の中に緊張感が漂っていた。「新しい生活様式」の中で感染防止の3つの基本①身体的距離の確保②マスクの着用③手洗いが示されて徹底されていたが、大規模校の教室の中では身体的距離の確保は難しい状況があった。そのような中で最善を尽くすために、授業中は換気のため窓を開け放し、給食時間は全員前を向いて食事をし、消毒作業を徹底し、学校の中での新しい生活様式をとり入れた日常生活が少しずつ平常となっていった。全校集会等は校内放送となり、授業では対面にならないように工夫がされ、音楽の授業では飛沫

を避けるためにフェイスシールドやマウスシールドを使うなど、各学校で様々な対策が行われた。

　学校が1か月遅れで再開されたため夏季休業日が短縮となり、山口市では1学期は7月末日まで、2学期は8月中旬から始まった。エアコンの設置工事が昨年度から進行していたが工事が間に合わない学校もあり、簡易エアコンが設置されるなどの対策が取られた。空調対策は万全だったようだが、全員マスクをしているため熱中症対策で様々な場面で配慮が必要だった。

　この1年間を振り返ってみて教職員の学校内における徹底した消毒作業の結果、学校におけるクラスター発生の件数が全国的に見ても少なかったのではないだろうか。そこには教職員による日々の消毒作業の積み重ねがあることを忘れないでほしい。

学校行事の苦悩（体育祭、文化祭、修学旅行などの校外学習）

1．体育祭、文化祭の開催

　コロナ禍での学校行事の中で学校が苦悩したのが、体育祭、文化祭の実施だった。体育祭については、学校によって参観日の一環として極小規模で開催した学校もあり、学校の実情に応じて様々な工夫が行われた。私が勤務している中学校では例年9月に体育祭が実施されていて、2020年度も例年どおり9月に体育祭が開催されることになった。しかし、コロナ禍になって初めての大きな学校行事で保護者等の観客が校内に入るため、感染症対策にむけて何度も会議を重ね、教職員やPTA役員が連携して学校中の消毒作業を行った。本校では体育祭を午前中のみの半日開催とし、来賓を招待せず保護者も両親に限定した。保護者の3密を避けるために、校舎を開放し保護者が校舎ベランダから生徒たちの競技の様子が見えるようにした。また、教室内に設置された電子黒板にモニターで競技の映像を流していた。

　文化祭についても体育祭と同様に、会議室等に電子黒板を設置し体育館で行われている生徒たちの発表等を映像で流していた。体育館内は3密にならないように配慮を行った。文化祭の合唱コンクールでは、生徒たちはマウスシールドをつけて課題曲を歌った。

　コロナ禍で制限の多い体育祭、文化祭となったが、教職員や生徒たち一人ひとりがコロナ禍だからできることを考えて実行し、協力して行事を終えることができた。

２．修学旅行

　修学旅行については、本校においては当初の計画では５月に関西方面へ実施予定だったものを秋に時期を変更した。しかし、関西方面において新型コロナウイルスの感染者が増加したことを危惧し、山口市内すべての公立中学校では修学旅行が中止となった。市内小学校については、行き先を県内に変更して実施した。ちょうど「新型コロナウイルス感染症緊急経済対策」として日本における観光などの需要喚起事業「GoToトラベル」（観光キャンペーン）が実施されている時期であったため、児童生徒の修学旅行費用はGoToキャンペーンの対象となったが、引率教員の旅費はGoToキャンペーンの非対象となった。

　山口市内中学校では修学旅行の中止に伴い修学旅行のキャンセル料が発生し、生徒のキャンセル料には地方創生臨時交付金が当てられた。引率教員の旅費については鉄道賃やバス代、ホテル代のキャンセル料は公費負担となったが、公費負担されない食費や企画料金のキャンセル料が発生し、その費用の捻出に悩まされた。市内校長会と市教委の働きかけにより、山口市から補助金（山口市立小・中学校校外行事キャンセル料等補助金）が出ることになり、事なきを得たが、修学旅行の学校と旅行業者間の契約について、改めて考えさせられる事案となった。

学校保健特別対策事業費補助金について

　国の2020（令和２）年度第２次補正予算により、新型コロナウイルス感染症の感染拡大の影響による学校の一斉臨時休業に係る対応及び一斉臨時休業からの再開等を支援するため「学校保健特別対策事業費補助金」の予算が各学校に配当されることになった。学校保健特別対策事業費は、各学校が段階的な学校再開に際して、感染症対策等を徹底しながら児童及び生徒の学習保障をするための新たな試みを実施するに当たり、校長の判断で迅速かつ柔軟に対応することができるよう、学校教育活動の再開を支援する経費で、補助対象経費は消耗品費、備品費（据付費含む）、通信運搬費、借損料、雑役務費となっている。１校当たりの補助上限額は下記表のとおりである。

　学校保健特別対策事業費補助金は、小中学校に100〜200万円の予算が配当されたので学校の状況に応じて、フェイスシールドやマウスシールド、空気清浄機や加湿器、センサー式自動水栓、手指消毒のためのアルコールディスペンサー、大型扇風機、ICT関係機器等を購入した。しかし、補助金の活用方法に制

限があり、熱中症対策としての経費は夏季休業の短縮に伴うものと整理できないものは対象外であるなど使いづらい点もあった。個人的な見解としては、もう少し自由裁量の高い補助金であってほしかったという点、児童生徒数1〜300人までの小中学校の配当予算が1校当たり100万円等、人数に応じた金額幅が大きかった点については不満が残るところであった。

表2　1校当たりの補助上限額[7]（単位：万円）

学校種		全国 (加算地域を除く)	加算地域	
小学校 義務教育学校（前期課程）	児童数	1−300人	50	100
	児童数	300−500人	75	150
	児童数	501人以上	100	200
中学校 義務教育学校（後期課程） 中等教育学校（前期課程）	生徒数	1−300人	50	100
	生徒数	300−500人	75	150
	生徒数	501人以上	100	200
高等学校 中等教育学校（後期課程） 専修学校（高等課程） 特別支援学校（高等部のみ設置）	生徒数	1−400人	100	150
	生徒数	401−700人	125	200
	生徒数	701人以上	150	250
特別支援学校			200	250
高等学校（通信制課程のみ設置）			50	50

おわりに

　新型コロナウイルス発生による、全国一斉に行われた2020年の臨時休業からの1年間における小中学校内での混乱を振り返り、学校現場で働く学校事務職員の視点から整理をしてみたい。

　文部科学省の全国一斉の学校の臨時休業措置については、新型コロナウイルスという未知のウイルスに対してのまん延防止措置であるため、学校の臨時休業措置は仕方がなかったと認識はしている。しかし、臨時休業措置が取られた当初の新型コロナウイルス感染者数が、地方においては一桁台もしくは感染者数0人の自治体もあり、あまりに唐突すぎる政府の対応に学校現場において大混乱を招いたことは事実である。このことにより、多くの教職員をはじめ学校関係者の多大なる努力があったことを忘れないでほしい。

　個人的な見解となるが、学校事務職員の業務負担の観点から、学校の臨時休

業措置の中で年度末の学校徴収金の問題が一番大きかったと感じている。後に近隣の小中学校の事務職員の話を聞くと、学校徴収金の繰越しを行った学校では、年度初めの学校徴収金の徴収計画が大変だったところもあったようだ。全国の学校事務職員の中にも学校徴収金に悩まされた者が多かったのではないだろうかと推測している。『学校事務クロニクル』（中村文夫著）によると、学用品費、修学旅行経費などの無償化、軽減措置の試みが各地で進んでおり、義務教育の完全無償化の自治体は、山梨県早川町など10を数えるまでに至っている。また学校徴収金の中でも大きな割合を占めている学校給食費については、2020年度、無償化自治体141団体、一部補助自治体300団体を含めると自治体の4分の1を超えるまでに拡大しているという[8]。

　給食費や学用品費、修学旅行経費が公費化されている自治体では、今回のような突発的な事態に左右されることなく、場当たり的な対処をせずとも安定的に会計処理が進んだはずである。また、保護者としても義務教育の完全無償化が実現すれば、コロナ禍等による一時的な収入減少においても教育費の心配をする必要がなくなり、安心して子どもを産み育てられるのではないだろうか。

　今回のことを一つのきっかけとして、私費を根絶し、公教育の無償化へ方向転換されることを強く望む。

　　注
　　（1）「新型コロナウイルスに伴う学校保健に係る特別対策事業等（令和2年度補正予算）」
　　・感染症対策のためのマスク等購入支援、修学旅行中止や延期に伴う追加の支援「学校再開に伴う感染症対策・学習保障等に係る支援経費（第2次補正予算）」
　　・学校における感染症対策等への支援ほか「感染症対策等の学校教育活動継続支援事業（第3次補正予算）」
　　・学校における感染症対策への支援、コロナ対策等に資する教職員研修等支援ほか
　　（2）「GIGAスクール構想の加速による学びの保障」：令和2年度補正予算（第1次）
　　・1人1台端末」早期実現等、Wi-Fi整備など学校ネットワーク環境全校整備、緊急時における家庭でのオンライン学習環境整備等で2,292億円
　　（3）「新型コロナウイルス感染症対策のための小学校、中学校、高等学校及び特別支援 学校等における一斉臨時休業について（通知）」（令和2年2月28日文部科学省）

（4）学校保健安全法第20条

（臨時休業）学校の設置者は、感染症の予防上必要があるときは、臨時に、学校の全部又は一部の休業を行うことができる。

（5）「新型コロナウイルス感染症のまん延防止のための出勤者の削減について（通知）」文部科学省総合教育政策局地域学習推進課（令和2年4月13日付事務連絡）

https://www.mext.go.jp/content/20200423-mxt_kouhou01-000004520_1.pdf （2021/02/28閲覧）

（6）文部科学省「小中学校等の再開状況について（令和2年6月1日時点）」別添1

https://www.mext.go.jp/content/20200603-mxt_kouhou01-000004520_4.pdf （2021/03/01閲覧）

（7）文部科学省「学校再開に伴う感染症対策・学習保障等に係る支援事業実施要領」（令和2年6月19日）総合教育政策局長・初等中等教育局長・高等教育局長決定

https://www.zennichu.com/images/info/info200623-3.pdf （2021/03/01閲覧）

（8）中村文夫『学校事務クロニクル』学事出版、p.168

（公教育計画学会会員・山口県山口市立鴻南中学校）

特集1　With/Without COVID-19の教育政策

もう一度「子どもがいまを生きている」現実から出発すること
——「新型コロナ禍」以後の学校と教職員の役割を考える

住友　剛

はじめに——今、書ける範囲の精一杯のことを

　編集委員会から寄せられた私への本稿の執筆依頼は、主に2020年春以来の新型コロナウイルス感染症（COVID-19）の日本社会での流行（以後、本稿では「新型コロナ禍」と称す）と、その流行下での学校や教職員のはたす役割などについての考察を行うというものである。特にこの新型コロナ禍下における学校での「学び」や「つどい」あるいは「大声で歌う」といった営み、さらには「インクルーシブな学校」「学校における人々の協働」のありようなどについて考察を行うこと。上記のことが、編集委員会からの依頼内容である。

　ただ、このような依頼に対して、現時点で私がお伝えできることや考察・検討することは、かなり心身共に「重い」課題である。先に正直にお伝えしておくが、この新型コロナ禍の約1年間は、心身の不調になにかと悩まされた1年であった。私も年齢的に50代に入り若い頃と同じような無理はできなくなった面もあるし、これまでの学校事故・事件関係での難しい課題への対応[1]、あるいは学内の諸業務への対応[2]で、心身ともにすり減っていたこともあるとは思う。ただおかげさまで、ようやく最近になって回復傾向にある。

　特に私は10年近く前に糖尿病があることがわかり、それ以後今まで服薬治療を続けてきた。また、この新型コロナ禍の下では、何か自分の心身にちょっとした不調が生じるだけで「もしかしたら、この症状ってコロナかも？」と動揺し、それがさらに心身の不調を増幅させていた面もあった。このため一時期は医師から、「とにかく心身の過大なストレスになることを避けるように」と言われたほどであった（その対応は、本稿校正時（2021年12月）現在も継続中）。

　そういう状況下での本稿執筆なので、編集委員会側の依頼の意図通りに原稿が仕上がるかどうか大変不安である。2020年の春よりは回復傾向にあるとはいえ「新型コロナ禍」がテーマにある以上、求められた課題に向き合うこと自体、

それ相応に心理的な重圧がかかる。また、「新型コロナ禍」への学校や地方教育行政の対応、そして今後の日本の公教育やそこでの「学び」のあり方などに関する諸文献・資料はすでにいくつか公刊されている [3] が、その多くにあたって論述することは心身ともに不可能であった。

　そこで、本稿ではあえて「執筆時点（2021年3月）で、私自身と私の身近な人々が経験したり見聞きしたりしたことの範囲内」に限定して、新型コロナ禍の学校で起きた出来事をまずはエピソード的に紹介し、そこから今後の公教育の検討すべき課題を論じることにする。大変申し訳ないが、今はその形でしか本稿に向き合えないことを先にお断りしておく。

　その上で、本稿1では私の娘と、娘にかかわりのある教職員に関するエピソードを中心に、そこから見えてきた諸課題を整理する。続く本稿2では、この新型コロナ禍の一斉休校時（2020年3月）の学校をフィールドワーク的に訪れた際に出会った教員2名のエピソードを紹介し、そこから見えてきた課題を論じる。一方本稿3では、私自身も教職課程の担当教員として、勤務校で前期は「遠隔授業」後期は「対面授業」を経験し、さまざまな思いを抱いた。その思いを整理しつつ、新型コロナ禍の大学における「学び」の課題などについても少し触れておきたい。また、本稿4では2020年4月の国連子どもの権利委員会「新型コロナ感染症（COVID-19）に関する声明」[4] や一斉休校の時期に実施された子どもたちへのアンケート調査の結果などを紹介しておく。そして「おわりに」では本稿1～4の内容をふまえて、新型コロナ禍の下及び「その後」の日本の公教育（特に学校）での「学び」や教職員のあり方について、今、私が思うところを3点に整理してまとめたい。

1．新型コロナ禍の学校で私の娘に起きたこと

　本稿1では、まずは私の娘と、娘にかかわりのある教職員の2020年春頃の状況を中心に、「一斉休校」に伴う諸課題について整理しておきたい。

　具体的に言えば、この新型コロナ禍に伴う安倍首相（当時）からの「一斉休校」要請があった2020年2月末以降、本学会もそれを批判する声明文 [5] を出した。ちょうどその時期は私の一人娘の中学校卒業・高校進学という時期であり、主に3～4月頃は、娘を通じて自宅のある兵庫県西宮市内の公立中学校や公立高校の様子を知り得た。そこで、本稿1では、この2020年3月～4月の時期を中心に、娘と娘の周辺の教職員たちに起きていたことを、子どもと学

校・教職員の課題を整理しつつ書いておく。

　当時娘は 2 月末に安倍首相（当時。以下同じ）の要請が出たあと、それを受けてすぐに西宮市長がSNSなどで「卒業式延期、当面の授業中止」などの方針を示したことに対して、「卒業式前の私の大事な中学校生活が失われた」とがっかりした感じだった。ある時は安倍首相に対する憤りすら、娘は訴えていたくらいであった。

　他方でその娘たちを前にして、娘の学年の担任団は学年集会で「3 年生にこの際伝えたいこと」をひとりひとりの教職員が語るという作業を行った。あるいは 3 学期最後の授業（娘の通った中学校では、3 月に 1 日だけ授業をした）では、たとえば英語の教員はチャップリン主演の映画「独裁者」の一場面を見せて、チャップリンの演説内容の英文と和訳の両方を解説するという授業をしていた。あるいは理科の教員は公立高校入試目前に自作の予想問題集を作成し、自宅での受験勉強用に生徒たちに配布したという。

　ちなみに卒業式はなんとか予定どおり開催されたものの、「保護者は 1 名のみの参加」「式典では卒業生代表だけが証書を受け取る、歌はうたわない」「クラス別に各自の証書を担任から授与する」など、かなり「簡素化」されたものになったようだ（妻が出席したので、私は卒業式に出ていない）。ただ、たとえばまだ20代と思われる若い担任は、何度も涙を流しながら、この日のために修学旅行等さまざまなクラスの写真をスライドショーにして、電子黒板を活用して生徒たちに見せたり、教室に桜の花を紙でつくって飾ったりもしたようだった（妻が撮った写真で確認した）。そういう中学校 3 年生の担任団の「奮闘」により、娘は納得して無事に卒業式を終えることができた。

　さて、娘が高校の入学式を迎える 4 月に入って、今度は兵庫県内に緊急事態宣言が発出されることとなった。兵庫県はご存知の方も多いが、摂津（阪神間・神戸）、播磨、但馬、丹波、淡路の旧 5 国によって、地域的な特色が異なる。当時、大阪との往来が頻繁な摂津や播磨では新型コロナ禍は広がっていたものの、逆に但馬や丹波、淡路などの地域では感染者はごく少数に過ぎないような状況である（その傾向はその後も続いている）[6]。したがって私などは「兵庫県では地域別の感染状況を見て、県立学校及び市町村立学校の休校措置の実施を決めるべきではないか？」と考えた。また、当初は兵庫県教育委員会もその方向で、たとえば但馬地域などは一斉休校にしても時折「登校日を設ける」などの対応を考えていたようでもある[7]。

　この緊急事態宣言発出により、兵庫県内の公立高校でも県内全域で一斉休校措置が取られることになると、今度は娘の高校の入学式の開催自体が危ぶまれる状況になってきた。ただ、娘の高校では学校側独自の判断なのか、「入学式」ならぬ「入学行事」と称して新入生たちを集め、校長挨拶のあと1年生の学年団の教職員を紹介し、クラスの顔合わせを行い、一斉休校期間中の自宅学習の課題についての指示などを受けて解散することになった。

　さて、その後、この4月から5月末頃までの「自宅学習」の課題が、娘にとってはたいへん「苦痛」だったようである。というのも高校では音楽科に進学し、特に声楽を本格的に学びたかった娘にとって、普通科の生徒同様に、英語や国語などのワークブックを毎日こなすだけの日々は、「せっかく音楽科に入学したのに、大好きな音楽ができない」という思いが募るばかりであった。後にZOOM利用などでの「遠隔授業」による声楽レッスン等も行われるようになったが、やはり娘にとっては「他の生徒たちと共に歌いたい」という思いは募るばかりのようだった。そういう娘は、毎日「朝礼のかわり」として高1担任団の教職員が交代で送る近況報告メールを楽しみにしていた。

　他方で、高校側からは進路指導の一環として、ある大手受験産業の配信する英語や数学、国語のインターネット配信の教材や授業に取り組むよう求められた（これは一斉休校期間後も続いている）。ただこれも娘だけでなく、他の生徒たちにとっても「苦痛」だった。娘によると「ネット教材、特にネット授業は誰に向けて話しているのかわからないから、ペースが合わない」とのこと。入学式の日につながった同級生たちとさっそくSNS上で、娘は連日「どうやってこのネット授業や教材をやり過ごすか？」と相談をしていたようである。

　以上、あくまでも娘と娘にかかわった中学校・高校の教職員の様子からわかることでしかないが、ここで課題を3点に整理しておく。1点目は、やはり子どもたちのなかには、休校期間中も「誰かとのかかわり」を学校に求めていた子どももいたということである。2点目は、音楽のような実技系教科・科目を真剣に学びたい子どもにとって、ネットで教材や授業をいくら配信しても、子ども側が「求めている学び」にはつながらないということである。そして3点目は、子ども側が真摯に求めている「学び」や誰かとのかかわりに学校現場で真剣に向き合おうとする教職員ほど、政治家（首長らなど）が教育委員会の頭越しで推進しようとする一斉休校措置のはざまで、「なにか自分にできることはないか？」と模索し、生徒たちとの「つながり」を保持していこうとしてい

たということ。また、その教職員たちの誠実さで「かろうじて、救われた思いがした。それで学校とのつながりの糸を保てた」という子どももいたであろう。

　ちなみに休校措置解除後の娘の様子であるが、たとえば学校での行事の精選（マラソン大会の中止）や定期演奏会の規模縮小など一定の感染対策を行いつつ、他方で声楽やピアノ実技、音楽理論など、音楽科の授業に連日、積極的に取り組んでいる。他方で近隣の高校や大学の通学時間帯がほぼ同じことから、朝、娘が登校時に乗る電車が常に満員状態で、「密を避けろ」と言われても「とても無理」という。その娘の話を聴くたび、「なぜ近隣の学校・大学等で協議して、通学時間帯を分散するなどの調整をしないのか？」と私は思う。

２．新型コロナ禍の学校で知り合いの教職員たちに起きたこと

　さて、2020年2月末の安倍首相の一斉休校要請を受けて、私の知り合いの教職員たちが中心となって、「教職員のための『一斉休校』要請についての情報サイト」[8]がインターネット空間上に立ちあげた。ちなみに、この情報サイトを運営した教員のなかには教育科学研究会のメンバーが何人か含まれており、そのメンバーたちは、新型コロナ禍での一斉休校及び学校再開時に経験したことをふまえたブックレットを作成した[9]。このブックレットも、本稿2と併せて参照していただきたい。また、私はこのサイトの運営の中心になっていた小学校教員らと、新型コロナ禍以前からSNS経由で知り合いになっていた。このため、まだ比較的私の体調もよく、動ける時間もあった2020年3月に、知り合いの小学校教員2人の勤務校を訪ねた。

　たとえば滋賀県内の公立小学校を尋ねた際に教員・Aさんから伺ったのは、「一斉休校中でも、担任や他の子どもの様子が気になるのか、何人かの子どもがふらっと職員室を訪れる」ということであった。また、Aさんは教員として、当該の子どもたちを「一斉休校中だから帰れ」と追い返したりするのではなく、逆に「その子どもたちとどうつながるか？」を考えたり、あるいは「その子どもたちどうしをどうつなぐか？」を考えた対応をしたという。また、同じ日にAさんの自動車に載せていただき、Aさんの勤務校の校区内を一周してみたが、小学生は近隣の公園などで集まって遊んでいた。他方、高校生たちは、たとえばJRの駅前にあるハンバーガーショップに集まって、長話をしていた。感染防止のために「密を避ける」ことが必要であっても、子どものなかには「群れて遊ぶ」ことを切実に求めている子どももいる。この課題を、私たちはどう受

け止めたらいいのか。そのことをAさんと共に実感した一日であった。

　他方で西宮市内の公立小学校に、教員・Bさんを訪ねたときのことである。Bさんの学校では昼間、家庭で面倒を見ることができない子どもたちを数人、図書室で「預かる」かたちをとっていた。教員が交代でその「預かった」子どもたちと遊んだり、国語や算数の課題に取り組んだりしていた。他方でBさんと共にその小学校の校庭に出ると、同校の校内で運営されていた学童保育（西宮市では「留守家庭児童育成センター」と称する）の子どもたちが、校庭を何人も走り回っていた。要するに、Bさんの勤務校では2020年3月の一斉休校期間中も、小学校低学年の子どもたちを中心に、かなりの割合で子どもが「学校に来ていた」のである。このとき、長年、生活面で課題のある子どもと国語の授業等を通じて真摯に向き合ってきたBさんにとっては、さぞかし複雑な心境であったのではなかろうか。「学校の校庭には子どもがいるのに、教室で授業ができない」というもどかしさが、Bさんのその日の様子からは伺えた。

　Aさん・Bさんという2人の教員の様子から伺える限りでしかないが、やはり本稿1で述べたわが娘と同様に、一斉休校期間中、同級生や先輩・後輩、教職員らとの「つながり」を求めていた子どもも数多く居たと考えられる。また、学校はたとえ「一斉休校」にしても、行き場のない子どもたちはどこで過ごせばいいのか。たとえば学校の放課後や休業日などに家庭で面倒を見ることができないため、学校内に開設されている学童保育で預かっている小学生などは、やはり毎日、学校に来ていたわけである。だとすれば、たとえば「分散登校」や「二部授業」などのかたちで、少なくとも2020年3月時点の小中学生については対応できたのではないかと、今にしては思うところである。

　そしてたとえ学校は「一斉休校」であっても、もしも学校内にて運営されている学童保育などでクラスター感染が発生した場合、たとえば感染した子どもとその家庭、他の在籍者とその家庭への対応などは誰が、どのように動くのだろうか。その学童保育を民間事業者に行政当局が「指定管理者」制度を使って委託していた場合、どのような扱いになるのだろうか。このような課題についても今後、検討が必要であろう。なお、このあたりの学童保育の課題は公教育のなかでも「社会教育・生涯学習領域での新型コロナ禍への対応」さらには公教育を越えて「児童福祉領域での新型コロナ禍への対応」と重なる課題でもあり、本稿で扱う範囲を越える。ただ、この課題の対象者は小学生ということもあるので、忘れないように、ここであえて指摘をしておきたい。

3．新型コロナ禍の勤務校で私自身におきたこと

　ところで、私の勤務校（京都精華大学）は、早々と4月中に、2020年度前期の「遠隔授業」実施を決めた。その後、私は勤務校での前期の「遠隔授業」を課題提示型（いわゆるオンデマンド式）で対応するとともに、教職課程担当教員として、2020年度に「教育実習」を実施予定の学生たちの「補講」をどうするかという課題への対応を迫られた。さらにその上で、たまたま時期が重なってしまったのであるが、2021年度から所属学部が改組（人文学部から国際文化学部へ）されることに伴い、教職課程の設置申請を行うための諸業務にも対応せざるを得なくなった。そして2020年度前期に対面で授業を行う機会は、8月末、他大学での教職課程科目「学校制度」の集中講義までなかった。

　この2020年度の前期中が、実は私の心身の不調が最もひどかった時期でもあった。この間、私は週6コマ分の「遠隔授業」をいわゆる「オンデマンド」方式（毎回授業の資料と課題をインターネット上で送信して学生たちに取り組ませる方法）で行った。今まで講義形式の授業で使っていたレジュメをもとに、話し言葉で文章化して「読み物」資料にした。その結果、ある科目などは、15回分の資料をPDFにしたものを冊子化すると160頁近くになり、おかげさまで2021年度以降のテキストができたくらいである[11]。動画配信やZOOMといった双方向授業も検討したが、学生の自宅の通信環境がわからないことや、我が家のパソコン等がそれに耐えられるか不安だったために、私にとって最も「無難な方法」と思われたのが、この「オンデマンド」方式であった。

　しかしこのような方式で15回分の資料を作成し、比較的少人数の科目が多かった（20〜30人程度）とはいえ、毎回その都度送られてくる学生の課題に目を通し、コメントを返す作業をしていると、心身の不調は増していった。特に7月、学期末レポートの提出・成績評価の時期には、学生側も遅れていた課題を一気にまとめて提出してくる場合があり、その対応に苦慮した。また、ただでさえ「遠隔授業」対応に心身の負担を感じているなかで、電子メールなどのかたちで、文科省からの教職課程申請書類の修正を求めるコメント等が本学事務方へ来るため、その都度、書類修正作業などに対応せざるをえなかった。このような状況のなか、2020年度前期中は否応なく、私の心身のつかれは累積していった。

　上記のとおりあくまでも私の例だけでしかないが、このように「遠隔授業」の実施や「リモートワーク」等々には、教職員側にはそれ特有の労働の負荷が

かかり、心身のストレスが生じるのではなかろうか。また、おそらく子どもや学生にとっても、「遠隔授業」での学習にはそれ特有の負荷がかかり、心身のストレスも生じていたとも考えられる。そして専任教員の立場である私はさておき、これが非常勤講師の担当科目で、しかも大人数授業であったら……と考えると、恐ろしいものがある。したがって、この「遠隔授業」や「リモートワーク」実施に伴う心身の負荷軽減の問題は、大学だけでなく、小中学校や高校においても、子どもや学生側、教職員側双方にとって考えておくべき課題であり、また、専任・非常勤等の雇用形態に応じた対応をとるべきではなかろうか。また、最近では「リモートワーク」や「遠隔授業」を「バラ色」のもののように描く議論に接すると、私はそれだけで嫌気がする。またこれらの業務を喜々としてやっている教職員と距離を置きたくなるのも、私のいまの正直な思いである。

　その一方で、本学は美術系の学部を要する大学でもあり、「実技」を伴う科目や卒業制作の指導などについては、夏休み中に「補講」というかたちで、すでに「対面」授業を部分的に再開していた。先ほど娘の高校音楽科の「一斉休校」期間中のことを書いたが、美術系の学部や学科も「実技」を伴う科目が多い以上、「遠隔授業」や「リモートワーク」での対応には限界がある。それこそ、たとえば中学校や高校の美術や小学校の図工の授業を「遠隔」対応にして、たとえば「彫刻刀の使い方」の動画を見せることはできるだろう。でも、実際に子どもに彫刻刀を握らせて、木彫り細工などの作業をしている様子を見ながら「指導」することは、「遠隔授業」では難しい場面もでてくるのではないか。その点は、美術系や音楽系、スポーツ系、あるいは理工系でも実験・実習を伴う学部・学科、高校の専門学科などでは、同様であろう。そう考えると、たとえば音楽や美術、スポーツ、理工系といった領域での「実技」や「実習」系の内容を「遠隔授業」でどのように扱うかは、やはり新型コロナ禍での公教育における「学び」の切実かつ大きな課題と言えるのではなかろうか。

　ちなみに教職課程運営に関して言えば、2020年度は新型コロナ禍のために教育実習期間の短縮や実施時期の変更を余儀なくされた本学の学生もいた。また、実習期間を短縮することになった学生には、本学の後期の学期中に、卒業論文の準備の合間などを見ながら5日分の「補講」を実施した。おそらく全国的にどこの大学・短大でも、教育実習についてはこのような傾向はあったのだろう。もちろんこの新型コロナ禍のなかでも、それでもなお学生たちの教育実習を引

き受けていただいた学校現場の教職員には、あらためて感謝の気持ちを示したい。ただ、よく考えてみれば、今から約30年近く前に、私が中学校・高校「社会科」の教員免許を取得した際の教育実習期間は、2週間である。そこから考えると、「本当に今後、3～4週間も教育実習期間が必要なのか？」ということは、あらためて新型コロナ禍における公教育における教員養成の検討課題として、ここで指摘しておきたい。

　ところで、上述の実技系科目や卒業制作等のことも考慮し、「一日も早く対面授業を再開したい」という学長の強い意向により、2020年度後期からの本学は一部の大人数授業科目を除き「原則的に対面授業実施」を方針として掲げることになった⁽¹²⁾。そこで、後期授業開始の2020年10月からは、週4日（火曜～金曜）、私には自宅のある兵庫県西宮市から京都市内まで通勤するという「普段通り」の生活が戻った。

　この後期授業開始の頃から、私の心身の不調が徐々に回復していき、主治医からは「よくなっても無理は禁物」と言われてはいたものの、2021年の年明け頃にはほぼ「普段通り」に近い生活ができるようになってきた。特に週4日「対面」で授業を行い、日常的に学生や他の教職員と接するなかで「自分が自分に戻っていく」感覚が生じた日もあった。また、「学生を前にして90分の授業ができるという「今までのあたりまえ」が、これほどまでに貴重なことだったのか」と実感した日もあった。そして毎日、大学に通って、とにかく授業に出席している学生たちを見ているだけで、不思議と「元気でいてくれて、本当にありがとう」という気持ちが沸いてきたのだった。

　他の教職員がどのような思いかはわからないが、少なくとも私にとっては「目の前にこの学生たちがいるからこそ、自分は大学の教員で居られる」ということが、あらためて対面授業再開後、強く実感できた。また、そのことが心身の不調を軽減し、「今までの自分を取り戻す」ことにつながったのではないかと思う。そして、おそらく小中学校や高校の教職員のなかにも、学校再開後、無事に登校してきた子どもたちの姿を見て、喜びと感謝の気持ちにあふれた人がいたのではなかろうか⁽¹³⁾。そして、新型コロナ禍の公教育が最も大事にすべきことは、この「今日も子どもたち（学生たち）が元気に教室に居て、私たち教職員と学びやあそびを通じてかかわる。それをまずは尊重する」ということ「それ自体」だと考える。また、そこから考えれば、新型コロナ禍の一部教育行政当局に見られた「授業時間数確保」や「学びを止めるな」といったスロ

058

ーガンも、あるいはこれまで進められてきた「学力向上」や「チーム学校」「GIGAスクール構想」も、本当は「どうでもいいような、おとな（それも一部の有力な政治家や研究者・専門職、教育産業関係者等）の都合」でしかない。

　ただ他方で、私も含めてであるが、なんらかの基礎疾患を持つ学生や教職員など新型コロナ禍で「感染時の重症化リスクの高い人」にとっては、やはり「対面授業」をどこまで実施するかは、判断の難しいところであろう。本学では事務方と各学部が連携し、このような学生・教職員に対する「特別な配慮」（「密を避ける」ための広い教室への変更や、遠隔授業による対応など）を行ったケースもある。おそらく小中学校や高校においても、「重症化リスクの高い子どもや教職員への対応」に関して、同様の課題があるのではなかろうか。とはいえ基礎疾患がありながらも「友達とかかわりたい」子どもたちに、学校側が「重症化リスクの高さ」を理由に「別室」対応や「遠隔授業」対応を連日求め続けるようなことも、かなり「酷な話」のようにも思うところである。そのような対応はかつて障害のある子どもの別学を求めた学校の姿に似ており、私たちの求める「インクルーシブな学校づくり」に逆行するものであろう[14]。

　また、「感染防止策の徹底」に関しても、たとえば本学では毎朝の学生・教職員の検温実施や、授業を実施した教室の消毒・換気などを毎時間終了後「自分の使ったところは自分がきれいにする」かたちで、学生・教職員が手分けして行っていた。他方で、小中学校や高校の場合は、どのように「感染防止策の徹底」をはかったのだろうか。一方で文部科学省や地方教育委員会が「教職員の負担軽減」や「働き方改革」を言いながら、他方で教職員が教室の消毒などに追われているような小中学校・高校があれば、「感染防止策に対する教育条件整備が不十分すぎるのでは？」と思ってしまうところである。もちろん、それは大学・短大も同様である。

4. 国連子どもの権利委員会「新型コロナ感染症に関する声明」をめぐって
　　——いま、子どもたちの声はどこまで聴かれているのか？

　本稿4では「はじめに」で述べたとおり、2020年4月に国連子どもの権利委員会が出した「新型コロナ感染症（COVID-19）に関する声明」（以後「声明」と略）の要点や、2020年3月頃に公益社団法人セーブ・ザ・チルドレン・ジャパン（以後「SCJ」と略）が実施した緊急アンケート結果（速報、以下「速報」と略）の概要などを紹介したい。その上で、本稿4では、たとえば、こ

のたびの新型コロナ禍下の日本の公教育、特に学校において、子どもたちの意見や要望などはどこまで適切に反映されているのか。この２点について、本稿１〜３の内容とも関連づけながら述べておく。

　まず「声明」であるが、国連子どもの権利委員会は、新型コロナ禍にある各国の子どもたち、特に「緊急事態や義務的ロックダウンを宣言した国々」において、「多くの子どもたちが身体的、情緒的および心理的に重大な影響を受けている」ことに対して懸念を表明している。その上で、国連子どもの権利委員会は各国政府に対して、次のような措置を含めた11項目の措置をとるよう求めている。本稿１〜３で述べたことと関わりの深いものだけになるが、要点を紹介しておきたい。なお、下記の傍線部分は強調のため私が引いたものである。

　　1.　今回のパンデミックが子どもの権利に及ぼす健康面、社会面、情緒面、経済面およびレクリエーション面の影響を考慮すること。
　　2.　子どもたちが休息、余暇、レクリエーションおよび文化的・芸術的活動に対する権利が享受できるようにするための、オルタナティブかつ創造的な解決策を模索すること。
　　3.　オンライン学習が、すでに存在する不平等を悪化させ、または生徒・教員間の相互交流に置き換わることがないようにすること。
　　（中略）
　　10.　COVID-19及び感染予防法に関する正確な情報を、子どもにやさしく、かつすべての子ども（障害のある子ども、移住者である子どもおよびインターネットへのアクセスが限られている子どもを含む）にとってアクセス可能な言語及び形式で普及すること。
　　11.　今回のパンデミックに関する意思決定プロセスにおいて子どもたちの意見が聴かれかつ考慮される機会を提供すること。子どもたちは、現在起きていることを理解し、かつパンデミックへの対応の際に行なわれる決定に参加していると感じることができるべきである。

　本稿１〜３で述べたこととの関係でいえば、たとえば少なくとも2020年３月時点での安倍首相の「一斉休校」要請や４月の緊急事態宣言発出に伴う休校の際に、どれだけ各地で子どもの意見が聴かれ、考慮されたのであろうか。少なくとも2020年３月中学校卒業式、４月の高校入学式の実施、そして一斉休校の

期間やその間の自宅学習のあり方等々について、兵庫県や西宮市の教育行政当局は、新型コロナ禍への緊急的対応（たとえば式典の中止・延期や自宅でのオンライン学習等）を望むおとなの意見を聴いたかもしれないが、「仲間や教職員とかかわりたい」と願う子どもたち（そのなかには私の娘を含む）の意見を聴いたようには思えない。むしろ学校現場の教職員たち有志が、そのとき、目の前の子どもの願いに即して何かできることはないかと模索したように思う。

　また、国連子どもの権利委員会は、新型コロナ禍のなかでも子どもたちの「文化的・芸術的活動」に対する権利（子どもの権利条約第31条）の保障を求めている。高校音楽科での学びを求めた私の娘や、本学の学生たちのように美術を専攻する学生など、音楽や美術、スポーツ活動に「参加」する機会を求めた子どもや若者の意見は、どこまでこの間、日本の新型コロナ禍のなかで尊重されてきたのか。

　さらに新型コロナ禍での「オンライン学習」についても、国連子どもの権利委員会はただ「やればいい」とは考えていない。私の娘のような同世代の仲間や教職員との相互交流を求める子どもや、オンライン学習が困難な状況にある家庭の子どもたちへの配慮等々を、国連子どもの権利委員会は強く求めていたのである。そして新型コロナ禍のなかで、日本の公教育、特に学校現場にいる多様な子どもたちに対して、さまざまな方法で感染予防策等を伝えていく努力を、どこまで教職員や教育行政当局は行ったのだろうか。

　このように考えると、いま一度、この2020年度（開始前の2020年3月を含めて）に起きたさまざまな日本の公教育の出来事を、この「声明」に示された諸項目に照らして「検証」を行う必要があると私は考える。

　他方で、実は私の娘や本学の学生たちが経験したしたこの新型コロナ禍の出来事は、それほど「特別」なことではなく、他の子どもや若者たちも程度の差こそあれ経験したことではなかろうか。というのも、先述のSCJがまとめた「速報」と略）を読むと、次のようなことがわかるからである。以下、「速報」紹介されている子どもの声の一部を紹介しておきたい（原文は斜線部で改行）。

　　自宅1人　携帯と課題に向き合っています（高1・千葉県）／お母さんが仕事に行くので、6時まで子どもだけで留守番をしているので、怖い（小5・埼玉県）／ひまです。どうすれば友達と遊べるか、分からない（小4・大阪府）／卒業シーズンに友達と会えなくなり寂しい気持ちでいっぱ

いです（中3・長野県）／クラスや学年の友だちとドッチボールで遊べないのがさびしい（小4・埼玉県）／卒業式までの行事（三年生を送る会、スポーツ大会、クラスお別れ会など）がなくなって、寂しい（中3・神奈川県）／やる事がなく遅寝遅起になったりと生活リズムが崩れた（高1・北海道）／部活ができないから運動したりない気分がする（高1・福島県）／宿題が多いし、土日も宿題をするのか分からなくてこまります（小3・広島県）

僕たちは休みでも、母や父が仕事してる（小2・愛知県）／コロナになったら死ぬのが怖い（小2・愛知県）／4月から学校に行きたいし、入学式とか修学旅行とか、楽しみにしている行事がなくなってほしくない（小6・岡山県）／早く普通に学校に行って給食食べたい（小4・千葉県）／1日でもいいから、学校に行きたい。体育を特にみんなとしたい（小3・兵庫県）／急にいっぱい宿題が出てたいへんだった。わからないところがあればどうすればいいかわからなくて困ったのでなんとかしてください（小4・長野県）／（一斉休校などを＝住友注）なぜこんなことになったのかわかるように説明してほしい（小6・北海道）／もうちょっと子供が息苦しくないような生活にして欲しい（中1・佐賀県）(15)

　上記は「速報」に掲載された子どもたちの声の一部であるが、ここからも、たとえば私の娘のように卒業式や入学式などの行事が急に縮小されたり、できなくなったこと、学校で友達に会えないことをさみしいと思う子どもが、他にも全国的にいたことがわかる。また、「学びを止めるな」という掛け声の下で一斉休校中に各校では家庭学習の課題が多数出されたが、その対応に苦慮する子どもの姿が伺える。さらに「友達と遊べない」「宿題に追われる」ような一斉休校中の息苦しい生活に耐えつつも、一日も早く学校再開を望み、学校が再開されたらスポーツ（体育）や修学旅行などの行事を楽しみにしていた子どもがいたこともわかる。そして「なぜ一斉休校なのか？」など、政府・自治体の行う新型コロナ禍への対応について、分かりやすい説明を求めた子どももいた。このように、「速報」に掲載された子どもたちの声からわかることは、いずれも国連子どもの権利委員会の「声明」が指摘したこと、あるいは本稿1〜3で述べた諸課題と重なっているのではなかろうか。

おわりに

　──もう一度「子ども（学生）が今を生きている」現実から出発する学校
　　（公教育）を

　予定の紙幅が尽きようとしているので、ここであらためて本稿で私が述べた
かったことを整理すると、およそ次の3点になる。

　1点目。この新型コロナ禍の下で、もう一度「子ども（学生）が今を生きて
いる」現実から出発する日本の公教育（特に学校）が求められているのではな
いか。すでに一部の教職員（小中学校や高校だけでなく、大学を含む）が始め
ているように、学校現場では、実際に日々の子どもや学生たちの示す諸課題や
意見、要望などに誠実に向き合い、そこから必要な対応を編み出していく。と
同時に、教育行政当局はそのような学校現場にできる限りの条件整備を行い、
支援を行っていく。このことが必要不可欠であろう。

　2点目。この新型コロナ禍の学校（大学を含む）では「オンライン学習」が
何かともてはやされているが、それにはそれ特有の子どもや学生側、教職員側
の悩みがある。また、国連子どもの権利委員会の「声明」や先述のSCJ「速報」
に寄せられた子どもたちの声にもあるように、子どもたちには他の子どもや教
職員とのかかわりを求めたり、「学習」といっても美術や音楽、スポーツなど
の実技、あるいは実験・実習といった体験的な「学び」を求めている面もある。
各校で感染防止策を一定行いながら、他方でこのような「オンライン学習」で
はできない「学び」のニーズに教職員がどのように応じていくのか。そのこと
も今後、問われてくるのではないか。

　3点目。他方で教職員の側は、はたして新型コロナ禍においてどこまで日々、
子どもや学生の生活の現実を見つめ、その声に耳を傾けようとしているのだろ
うか。この新型コロナ禍を「好機」とばかりにさまざまな教育改革を実現しよ
うとする側に対抗していくためには、やはり目の前の子どもや学生と教職員で
ある自らとの「つながり」を問い直し、より強い関係に編み直す必要があるの
ではなかろうか。それこそ授業再開後の学校（大学）に姿を見せてくれた子ど
もや学生の様子に喜びを感じ、「この子たちとのかかわりをもっと深めたい」
と願うような教職員でなければ、今後、日々の授業は大手教育産業の提供する
「オンライン授業」で代替すればいい、教職員の仕事はその学習状況のモニタ
リングでよいと考えるような教育施策に対抗することは難しいのではなかろう
か。

そして新型コロナ禍、特に一斉休校の時期に、苦しい毎日の生活のなかで、一部かもしれないが、それでもなお教職員や仲間との「つながり」の回復を求め続けた子どもや学生が居たこと。そのこと自体を、私たち教職員側は忘れてはならない。私たち教職員は子どもや学生から「つながってほしい」と、まだまだ「期待」されているのである。ここに、新型コロナ禍後の日本の公教育（特に学校、教職員）の大事にすべきことがあるのではないのか。

冒頭「はじめに」でも述べたとおり、今もなお私にとっては、新型コロナ禍の日本の公教育（特に学校現場）について考えることは、心身の苦痛を伴うものである。その状況のなかで、今、私自身に言える精一杯のことは、以上のとおりである。いつか心身の状態が回復してひと段落したら、この続きを論じることにしたい。その日が来ることを強く願っている。

〈付記〉本稿校正時にあらためて教員Aさん、Bさん、そしてと私の娘に、本稿の内容についての承諾を得た。そのことを記した上で感謝の意を示したい。

注
（1）これまでの私の学校事故・事件問題への対応（いじめの重大事態を含む）については、拙著『新しい学校事故・事件学』（子どもの風出版会、2017年）や『「いじめ防止対策」と子どもの権利』（かもがわ出版、2020年、鈴木庸裕・桝屋二郎との共編著）を参照。なお、『新しい学校事故・事件学』は出版社の店じまい（廃業）により絶版状態であるが、残部約500部を私が買いとった。この拙著が必要な方は、私に連絡すれば入手可能である。
（2）2020年度から私は共通教育機構資格課程部門長の役職に就いているが、それ以前の2年間（2018〜2019年度）は、留学生支援（日本語学修支援）や学生相談、障害学生支援など、学長（機構長）直属で関連部署と連携し、多様な学生の課題に対応する「創造戦略機構学修支援センター長」の役職にあった。
（3）たとえば次のような文献がある。
池田考司・杉浦真理編著『感染症を学校でどう教えるか』明石書店、2020年
石井英真『未来の学校　ポスト・コロナの公教育のリデザイン』日本標準、2020年
川崎雅和編著『コロナと闘う学校』学事出版、2021年
『教職研修』編集部編『ポスト・コロナの学校を描く』教育開発研究所、2020年
高階玲治編著『ポストコロナ時代の新たな学校づくり』学事出版、2020年
東洋館出版社編『ポスト・コロナショックの学校で教師が考えておきたいこと』東洋館出版社、2020年

村川雅弘編著『withコロナ時代の新しい学校づくり』ぎょうせい、2000年

（４）「国連・子どもの権利委員会：新型コロナ感染症（COVID-19）に関する声明」（2020年４月８日）は、次の「ARC　平野裕二の子どもの権利・国際情報サイト」で日本語訳を閲覧可能である。

https://w.atwiki.jp/childrights/pages/327.html （2021年３月21日確認）

（５）公教育計画学会理事会「新型コロナウイルス感染期の全国一斉休校政策に反対する（声明）」（2020年２月29日）。なお、この声明の本文は、公教育計画学会ホームページ http://koukyouiku.jp/ を参照（2021年３月21日確認）。

（６）神戸新聞NEXT2021年２月１日付け記事「兵庫の市町村別コロナ感染者数振り分けにより変動」によると、たとえば2021年２月１日まで発表されていた感染者数は、神戸市で5518人、「阪神間」にある西宮市で1703人、「播磨」地域にある姫路市では1483人に対して、「但馬」地域にある豊岡市では40人であった。

https://www.kobe-np.co.jp/news/sougou/202102/0014048382.shtml （2021年３月21日確認）

（７）この点については兵庫県教育委員会「県立学校の春季休業明けの対応」（2020年４月６日付け）を参照。この文書によると「臨時休校」予定の他の学区に対して、第５学区（但馬地域）は感染者がまだ確認されていないことを前提にして、この学区の県立学校では入学式・始業式を簡素化して実施し、授業も通常通り実施する方針であったことがわかる。

https://web.pref.hyogo.lg.jp/governer/corona/documents/g-kaiken200406-01.pdf （2021年12月27日確認）

（８）「教職員のための『一斉休校』要請のための情報サイト」は、下記のURLを参照。

https://www.227kyukou-yousei.com/ （2021年３月21日確認）

（９）教育科学研究会「教室と授業を語る」分科会ほか編著『コロナ時代の教師のしごと』旬報社、2020年を参照。

（10）西宮市の留守家庭児童育成センターの多くは、現在「指定管理者制度」を適用して、日々の運営が社会福祉協議会や民間企業などに委託されている。詳しくは次の西宮市ホームページを参照。

https://www.nishi.or.jp/kosodate/hoikujo/shogakko/jidocenter/rusukatei.html （2021年３月21日確認）

（11）たとえば2020年度前期に担当した「社会科地歴科教育法Ⅰ」という科目の授業15回分のPDF資料を加工して、『セイカ生と共に考える地理教育』（2021年３月、総ページ数168頁）というテキスト冊子ができた。同じく2020年度前期の「社会科公民科教育法Ⅰ」の授業15回分のPDF資料を加工すると、『社会科公民科教育法を学ぶみなさんへ（第２版）』（2020年９月、総ページ数164頁）ができあがった。なお、後者のテキストが「第２版」なのは、すでに初版のテキストを2016年度に作成していたからである。

(12) この「大人数科目」のみ「遠隔授業」対応という本学の方針は、「密を避ける」ということとともに、現在、古い校舎の改築工事中で、大人数（数百人規模）を収容できる教室が不足しているという別の事情もある。

(13) たとえば兵庫県の公立小学校教員・大江未知は、「6月1日の学校再開は、とてもうれしかった。分散登校で、学級の半分ずつが、地区別に午前と午後に分かれる形。30分授業の4コマ。子どもが帰った後の消毒も大変だったが、やっと子どもたちと授業ができる幸せにワクワクした」という。前出『コロナ時代の教師のしごと』所収の大江未知「子どもを寿ぐ（ことほぐ）学校を」p.13を参照。

(14) これに加えて、たとえば感染防止措置に伴う入国制限により、留学生が出身国・地域から本学に来ることができず、特例で「休学」や「遠隔授業対応」を認めるケースもあった。本稿ではこのような課題を脚注部分で指摘するだけにとどめるが、留学生や海外から日本に来る子どもたちへの対応についても、今後の新型コロナ禍の公教育における大きな課題ではなかろうか。

(15) 以下の子どもたちの声については、公益財団法人セーブ・ザ・チルドレン・ジャパン（SCJ）「『子どもの声・気持ちをきかせてください！』2020年春・緊急子どもアンケート結果（速報）」（2020年3月27日付け）を参照。
https://www.savechildren.or.jp/scjcms/dat/img/blog/3215/1585.730904941.pdf
（2021年12月27日確認）

ただし、この「速報」時点で寄せられた子どもの声は、小中学生・高校生961件で、主にインターネット経由で寄せられたものである。また、このアンケートは2020年3月17日〜22日の5日間に寄せられた意見等をまとめたものであり、回答者の属性などには偏りがある等の限界があることは否めない。本来は、このような調査を日本政府、あるいは各自治体（教育委員会）が当時行うべきであった。

ちなみにこのアンケート結果の分析をふまえた提言や、私を含めたコメントなどを掲載するかたちで、SCJによる全体報告書が2020年5月3日付けでまとめられている。下記のページを参照してほしい。
https://www.savechildren.or.jp/scjcms/sc_activity.php?d=3252 （2021年3月22日確認）

（公教育計画学会会員　京都精華大学）

特集 2　安部政権の教育政策を総括する

東アジアのグローバル下における「矛盾と葛藤」の教育改革
——教育再生会議・教育再生実行会議の「提言」に関する考察

相庭　和彦

1．はじめに

　本論は安倍晋三政権（以下安倍政権）下で展開した教育改革の構造的特色を東アジアにおけるグローバルゼイションとの関係で考察していくことを意図している。安倍政権は福田・麻生及び民主党政権を挟んで 1 次政権と 2 次政権の時期であり、2006年 9 月26日から2007年 8 月27日、そして2012年12月26日から2020年 9 月16日まで 7 年 8 か月23日であった。その間教育政策立案のために主導的役割を演じた機関が、教育再生会議および教育再生実行会議の提言であった。本稿では主にこの提言を検証することで、安倍政権が主導した教育政策とグローバルゼイションとの矛盾を描き出すことで主題に迫りたい。

2．第 1 次安倍政権（2006年 9 月26日から2007年 8 月27日）の特色のとらえ方
——55年体制を前提としたグローバル資本主義下の教育政策

　安倍政権は経済的には中曽根康弘—小泉純一郎と続く新自由主義政策を継承し、国内統治において思想的には極めて強い「保守」思想を表面的に装い、国民の排外的優越性を利用して支持を得るという特色を持っていた。このような特色を持たざるを得なかった時代背景を以下簡単に概観しておく。

　1989年ベルリンの壁の崩壊、92年ソビエト社会主義共和国連邦の消滅によってヨーロッパの冷戦は終焉を迎えたが、日本の指導者は東アジアに対して朝鮮半島の分断、中国、ベトナム、北朝鮮などの「社会主義国家の存続」等の認識があり、冷戦構造が変化をしたという世界史的転換の意味を受け取れなかったといえる。そのためにフィリピンの民主化、ベトナムのドン・モイ政策、中国の社会主義市場経済への転換等、グローバル資本主義の転換によるアジアの変化を「アメリカ資本主義の勝利」という一面的思考で理解してきた。

　社会主義体制との競争で資本主義体制の「勝利」が見えてきた1980年代後半、

　新自由主義という小さい政府と市場原理に基づく資本主義陣営の政策転換は、ソビエト社会主義陣営を崩壊に追い込んだ一方、資本主義の基礎原理である競争原理による貧富の格差を世界中に広げていくことになる。資本とは、賃労働の搾取を基礎とした人と人とが取り結ぶ諸関係であり、現実には目には見えない。結果として人の支配形態や経済的格差という形で現れる。米ソ冷戦構図の遺構でもあった最貧国アフガニスタンおいて「ソ連の脅威」が消えても貧困が加速する地域となり、それ故にイスラム原理主義の集合基地になった。そこから世界資本を支配すると目されたアメリカ合衆国ニューヨーク貿易センタービルが資本主義の象徴として映り、攻撃のターゲットになった。アメリカが対ソ連への戦略として利用した勢力に反抗された。アメリカの対テロ戦争への幕が開くことになる。

　2000年9月11日のニューヨーク貿易センタービルへの「テロ」攻撃へのアメリカの反撃政策に日本は従属的に加わった。2001年から2006年まで政権を担当した小泉純一郎内閣はアフガニスタン紛争およびその延長線上でのイラク戦争にいち早く賛意を示した。その後イラク戦争は、「理由なき」戦争といわれたが、その事後検証も日本独自には行っていない。日本の指導者の多くは、ソ連なき世界で「アメリカは世界の警察」との認識を持ち、冷戦後の国際情勢が変化していく中、「アメリカ資本主義の勝利」を疑うことはなかった。一方小泉政権は国内政策では「聖域なき構造改革」をうたい、自由民主党内の既得権益を守ろうとする議員たちを排除し、郵政民営化をスローガンとした規制緩和と小さな政府政策を進めていった。まさに中曽根康弘内閣が推し進めた国鉄民営化と並ぶ改革で、21世紀日本における新自由主義政策の典型ともいえるものであった。

　第1次安倍晋三内閣はこの政策を基本的に引き継ぐことになるが、安倍総理個人はこれといった政策ビジョンを持ち合わせていたとはいいがたい。教育関係法制の改革およびアメリカに傾倒した安全保障、そして拉致問題解決を目指したパフォーマンス以外は具体的に成果を見ることなく自身の「体調不良」により、1年で政権を投げ出した。経済政策などは評価するものがほとんど見られなかったにもかかわらず、教育分野ではその後の方向に影響を与える政策を短期的に多く打ち出した。

　安倍はサッチャー政権の教育改革に学んで日本の教育改革も推し進めると自著『美しい国』[1]には記しているが、国家権力による強い統治をサッチャー時

代のイギリス教育改革から学んでおり、その具体的な現れ方が道徳教育の強化
であり教職員への統制、高等教育機関への干渉であった。その姿勢は安倍総理
のコアな支持組織である「日本会議」⁽²⁾の構成メンバーと同じ復古主義的思考
に支えられており、教育再生会議の答申はそれを色濃く反映したものであった。
　まず挙げられる成果が、2006年の教育基本法の「改正」である。また中央教
育審議会があるにもかかわらず、教育再生会議を立ち上げ、1次提言から最終
提言まで4提言をつくることに成功した。道徳教育教科化と規範意識の形成、
「学力重視」の「ゆとり教育」批判、学校の管理制度の強化および教員免許制
度の改革、地方教育委員会の改革、大学改革の方向性の明確化など提言を作成
した。ここで取り上げられた教育政策の方向性は第2次安倍内閣の教育政策に
大きな影響を与えることになる。具体的には第2次安倍内閣の教育再生実行会
議でより具体的な提言となっていく。
　このような第1次安倍内閣は中曽根⇒小泉と続く新自由主義主義路線を引き
継ぎ、そのグローバル政策と自らの教育イデオロギーがとどのような整合性を
持つのかを検討しないまま、政策展開を足早に推し進めていったところに特色
があった。教育再生会議で提案された4つの提言は立て続けに法制化されてい
くが、その過程がグローバル化したアジア経済圏の中で大きな政策的特色とな
っている。誤解を恐れずに表現すると、安倍政権の政策はグローバル化資本の
日本的モデルであると指摘できるのである。
　グローバル化した資本主義の特色は、規制緩和と小さな政府という表現に象
徴されるように市場システムが展開していくときに障害となる制度の除去で、
伝統的な国家施策や地域の伝統的な制度も例外ではない。そしてそれを支える
原理というべきものが市場を舞台とした自由な競争である。フリードマンは
『選択の自由』⁽³⁾で学校制度はもちろん、教員資格や医師資格までも市場に選
択に任せるとまで言っている。つまり、消費者は自己の責任で市場に存在する
消費財・サービスを買うが、それらが消費者のニーズに合わないときは競争で
「淘汰されていく」という考え方である。「淘汰されるべきもの」に国家権力が
介入して「存続させること」は不合理で「無駄なこと」であるので、介入は可
能な限り小さいほうが良いということになる。日本で国鉄の民営化、郵政の民
営化などはまさにこれで、人の乗らない路線は廃線、人の少ない郵便局は統合、
郵便貯金などの金融は金融機関の自由競争を妨げるから分割民営、統廃合とな
る。これに合わせると学校教育制度も校区などという概念はなくなるし、教員

の資格取得についてもより自由度が広がることになる。共同性や伝統という「グローバルスタンダードにあわないもの」は背後に退くことになる。教育は「サービス事業」として「受ける側」の選択対象になり、教育を提供する側は説明責任を強く持つことになる。この論理で行くと「公教育」と「学習塾」の区別すら曖昧になる。学校選択制など学校自由化論は中曽根臨時教育審議会では打ち出されたことでもあった。

　だが注意しなければならないことは、市場競争は「自由な意思による交換」を前提とすること、教育は「地域の共同事業」でその地域の特色を強く持った機関であることの２点である。グローバル市場での競争は他と違う「固有性を持った商品」でないと勝ち抜けないという特質を持つ。同じモノなら価格競争にさらされる。国民国家を前提にすると「固有性を持った商品」を開発するためには、その生産拠点や伝統を「守り、育成」しなければならない。グローバル市場のルールに従うことも、「特色を持つ商品」開発という両輪が必要なのである。つまりグローバル市場での競争では「守る必要のあるもの」と「変える必要のあるもの」が存在するのである。その国や地域に根差した教育機関は多様性をつくる場で守るべきもので、人権・ジェンダー平等などを阻害する古い規範意識などルールに合わないものは変革の対象になる。

　しかし、安倍政権では真逆の方向になる。グローバル市場では個人の意思決定が重要な要因となるのだが、国家秩序に従う人材育成とも言える「道徳・規範意識の形成」を強く打ち出した教育政策が展開される。2006年12月15日の教育基本法の「改正」はまさにそれであった。個人を中核とした教育法体系に本来私的領域である「家庭教育」を挙げたり [4]、行政の「中立」を盾に「国家の無謬性」を前提としている内容などを書き込み、教育の世界に小さな政府（自由）とは真逆の大きな政府（統制と秩序）を持ち込んできた。「生涯学習」という個人の自己実現を目指すべき教育理念が、市町村の教育計画として書き込まれていった。また教育に多様性を求めなければならないにもかかわらず、教員免許の改革などの教員の画一化を促す政策を打ち出していった。教育再生会議の提言はグローバル政策と矛盾したものであった。

3．教育再生会議の提言とその特色

　教育再生会議の設置は2006年10月10日に閣議決定された。設置３か月後の2007年１月24日に第１次報告が安倍内閣に提出されている。報告書「社会総

がかりで教育再生を・第一次報告—公教育再生への第 1 歩—」(5) である。そこで、7 つの提言と 4 つの緊急提言を提示している。

　7 つの提言は、「1 「ゆとり教育」の見直し、学力を向上する」、「2 　学校を再生し、安心して学べる規律ある教室にする」、「3 　すべての子供に規範を教え、社会人としての基本を徹底する」教員の資質向上、「4 　あらゆる手立てを総動員し、魅力的で尊敬できる先生を育てる」、「5 　保護者や地域の信頼に真に応える学校にする」、「6 　教育員会の在り方そのものを抜本的に問い直す」、「7 　『社会総がかりで』での全国民的な参画『社会総がかり』で子供の教育あたる」であった。4 つの緊急提言は、「(1) 暴力など反社会的行動をとる子供に対する毅然たる指導のための法令等でできることの断行と、通知等の見直し」、「(2) 教員免許法の改正」、「(3) 教育地方行政の組織及び運営に関する法律の改正」、「(4) 学校教育法の改正」である。

　提言の方針は、大きく見て 4 つの方向があった。一つは学力論であり、二つは子供たちの規範意識、三つは教員の統制であり、四つが地域教育委員会の統制強化である。学力論については1999年 6 月、『分数ができない大学生—21世紀の日本が危ない』(6) が朝日新聞書評で取り上げられ、4 万部を売り話題になったことことから始まり、学力について様々な議論がなされてた。そして、2006年ピサ学力テストでは、2000年の調査と比較すると、2000年読解力 8 位⇒2006年15位、数学リテラシー2000年 1 位⇒2006年10位、科学的リテラシー2000年 2 位⇒2006年 6 位、といった具合に国際比較で順位を落としていることから「学力向上」は政策提言として説得力を持った。80年代～90年代までの過熱した受験戦争からシフトし、学校週 5 日制の導入、ゆとりあるカリキュラムの施行などが「子供の学力低下」を招いたとの認識は2000年代の保守層にある程度広範に支持されていた。学力に対する提言はこの流れを反映したものであった。

　また「いじめ問題」を子供の規範意識の問題と捉え、道徳教育の教科化への道を開いた。この「学力問題」と「いじめ問題」を「教員の指導力」に結び付け、教員の統制を強めていく根拠としていく。教員の免許更新制度の導入と学校長の権限の強化、副校長・主幹教諭などの新たな管理職の導入など学校の統制強化に子供たちの問題状況が利用されていった。教育委員会の管理権限の強化をとおして、教員一人一人の教育実践を規制していった。「新自由主義史観」に基づき書かれている教科書の採択率を上げるためには教育委員会の権限を強

くしていくことが重要であり、その意図が背後にあったと観てよい。

　安倍政権を支持するコアの層は、政権にこの歴史観の拡散を期待していた。1990年代後半から社会科教育の中に「新自由主義史観」の動きが始まり、戦後歴史学研究や教育学研究の中で通説となっていた歴史認識を「自虐史観」と捉え、『国民の歴史』として教育現場に落ち込もうとの動きが起こった。大日本帝国憲法下の統治形態を「日本の伝統」と捉え、アジア諸国への侵略政策を「侵略」とせず、帝国主義国同士の国際関係の中で捉え、第2次世界大戦の敗戦と連合国による戦後改革を批判的にとらえていくという視点であった。自由と人権より統制と秩序・伝統的規律を重視する安倍政権の特色と「新自由主義史観」は高い親和性があった。

　第2次報告は2007年6月1日に提出された。その内容は、「はじめに」「Ⅰ 学力向上にあらゆる手立てで取り組む──ゆとり教育見直しの具体策」「Ⅱ 心と体──調和のとれた人間形成を目指す」「Ⅲ 地域、世界に貢献する大学・大学院の再生──徹底した大学・大学院改革」「Ⅳ 「教育新時代」にふさわしい財政基盤の在り方」という第3次報告に向けての検討課題であり、この提言から高等教育政策が登場する。第3次報告は2007年12月25日に提出されるが、第3次報告書は安倍総理の手には渡らなかった。教育再生会議は最終報告を2008年1月31日に提出してその役割を終える。だが、その答申で政策化を目ざしたものは、第2次安倍内閣の教育再生実行会議にも引き継がれていく。

4．第2次安倍政権下における教育政策の特色
──教育再生実行会議の提言に注目して

　第2次安倍政権は、2012年12月26日から2020年9月16日まで7年8か月に及ぶ長期政権であった。安倍政権の特色は民主党政権の問題を指摘し、アベノミクス政策を押し出し、デフレからの脱却を図ること、そして教育政策としては第1次安倍政権で打ち出した政策を実行していくことであった。7年8か月を超える政策は、その成果を評価するときに何が変わったのか何が変化したのかを見ていく必要があるが、以下では、根幹的な教育政策方針としての教育再生実行会議の提言を見ておこう。

　「21世紀の日本にふさわしい教育体制を構築し、教育の再生を実行に移していくため、内閣の最重要課題の一つとして教育改革を推進する必要がある。このため、「教育再生実行会議」（以下「会議」という）を開催する。」[7]との目

的で会議は開催された。

　その構成は、「内閣総理大臣　内閣官房長官　文部科学大臣　教育再生担当大臣　有識者」となっており、内閣総理大臣が開催するとされ、2013年1月15日閣議決定された。第2次安倍内閣発足後1か月以内にこの会議が設置されている事実から安倍総理自身は、第1次内閣当時に、教育基本法を「改正」したことの延長線上に具体的な教育政策を押し進めようとしたことがわかる。民主党に選挙で勝利して生まれた安倍政権は、教育再生会議の基本提案を復活させ、教育再生実行会議でその実現を目指すことになる。

　教育再生実行会議は、2013年（平成25年）1月24日第1回会議から2020年8月25日まで47回開催され、2019年5月17日までに11の提言が出されている。

　　2013年2月26日「いじめ問題等への対応について」（第1次提言）
　　2013年4月15日「教育委員会制度等の在り方について」（第2次提言）
　　2013年5月28日「これからの大学等の在り方について」（第3次提言）
　　2013年10月31日「高等学校教育と大学教育との接続・大学入学者選抜の在り方について」（第4次提言）
　　2014年7月3日「今後の学制等の在り方について」（第5次提言）
　　2015年3月4日「『学び続ける』社会・全員参加型社会、地方創生を実現する教育の在り方について」（第6次提言）
　　2015年5月14日「これからの時代に求められる資質・能力と、それを培う教育、教師の在り方について」（第7次提言）
　　2015年7月8日「教育立国実現のための教育投資・教育財源の在り方について」（第8次提言）
　　2016年5月20日「すべての子供たちの能力を伸ばし可能性を開花させる教育へ」（第9次提言）
　　2017年6月1日「自己肯定感を高め、自らの手で未来を切り開く子供を育む教育の実現に向けた、学校、家庭、地域の教育力の向上」（第10次提言）
　　2019年5月17日「技術の進展に応じた教育の革新、新時代に対応した高等学校改革について」（第11次提言）

　以上、提言のテーマを視ると大きく二つの方向性がみられる。まず第1次提

言「いじめ対応」から始まり、地方教育行政の改革、そして大学改革と提言していく方向性で第5次提言「今後の学制等の在り方について」まででいったん緊急課題への提言としている。その後、方向が変わる。「第6次提言」から教育と社会の関係を抑えようという問題意識が見える。ただし、提言と提言との期間が1〜2か月しかないものもあり、実際政策化してどのような効果が出てきたのかを検証するべき内容にもかかわらず、それが不可能であるというくらいの早さで提言がなされることが異常とも見える。「子供」社会で起こってくる諸問題をすべて含んだ内容の教育「提言」で方向性を示して解決していこうということ自体が、「子供」の教育現場をあまり理解してないことの証左でもある。また、11の提言がなされるが、これが論理的一貫性を持っていない。結論的に言うと「規範意識」などを教育で強調すると、おのずと保守的な人格形成にならざるを得ない。1次提言で「道徳教育」や「組織のリーダーシップ」を求めて、それ以降「提言」に「自己肯定感」や「挑戦的な人材」の育成を求めても無理がある。このように矛盾を含む答申に対応し、立法や省令起案、指示などで行政現場も多忙化するが、教育現場はもっと悲惨で、まともに対応していけばいくほど現場はブラック化していくことにもなる。

　以下まず1次から5次提言まで見ていこう。

　実際「いじめ問題」対応の提言に象徴的に表されているように、提言は教育行政及び教育現場に大きく影響がでる。「いじめ」が子供の規範意識の欠如として理解され、道徳教育の教科化が導入された。「心と体の調和のとれた人間の育成に社会全体で取り組む。道徳を新たな枠組みによって教科化し、人間性に深く迫る教育を行う」との提言のもと、「子供の命の尊さを知り、自己肯定感を高め、他者への理解や思いやり、規範意識、自主性や責任感などの人間性・社会性を育むよう、国は道徳教育を充実する」との提案となっている。道徳教育を進めることでなぜ「自己肯定感」が高まるのか論理的理解に苦しむ文章であるが、提言の中では、責任感と規範意識の形成でいじめをなくそうという提案である。提言を読むと最初に道徳教育の教科化ありきで、それをいじめ問題とかかわらせて導入していこうとする政策意図が読める。「いじめ」がどのようなものなのか。なぜこのような問題が教育現場で発生するのかの見方は示されず、前提として子供に規範意識の教育が不足しているからいじめが起こるという論理が前提とされている。道徳教育の教科化ありきで「いじめ問題」がその口実に利用されている。このような提言の論理的傾向は第2次提言

「教育委員会制度の在り方について」でも同じで、最初から教育長権限を教育委員会の中で高める狙いが存在している。

　第3次提言「これからの大学教育の在り方について」は、グローバル化に適応する人材の育成を大学教育へ期待したものである。提言の流れはグローバルに対応した大学へと大学教育を転換し、イノベーションの創出をする社会環境をつくる。そのために「鍛え上げられた学生」が必要なので大学がその役割を担う。そこで教育方法等を改善し、同時に社会人にも開放する。このような改革を行うためには「学長がリーダーシップを発揮」し、「ガバナンス改革、財政基盤の確立を図る」となっている。このような論理構成を前提に提言は、最初に「グローバル化に対応した教育環境づくりを進める」ことから始まる。「社会の多様な場面でのグローバル化が進む中、大学は、教育内容と教育環境の国際化を徹底的に進め世界で活躍できるグローバル・リーダーを育成すること、グローバルな視点を持って地域社会の活性化を担う人材を育成することなど、大学の特色・方針や教育研究分野、学生等の多様性をふまえた効果的な取り組みを進めることが必要です」。この認識に基づいて5つの具体的な提言が記されている。

　「① 徹底した国際化を断行し、世界に伍して競う大学の教育環境をつくる。② 意欲と能力のあるすべての学生の留学実現に向け、日本人留学生を12万人に倍増し、外国人留学生を30万人に増やす。③ 初等中等教育段階からグローバル化に対応した教育を充実する。④ 日本人としてのアイデンティティーを高め、日本文化を世界に発信する。⑤ 特例制度の活用などによりグローバル化に的確に対応する。」

　一般に政策提言は最初の部分がその核心部をなす場合が多い。本提言もグローバル化における大学教育の重要性を述べていることは理解できるが、高等教育とグローバリゼイションとの関係性を捉え、どのような知識基盤社会を目指すのかということになると極めて分かりづらい。唯一書かれていることは「日本文化を世界に発信することのできる人材」ということになるが、これが21世紀の世界情勢と向かい合う日本の姿とどう関係するのか不明確である。そのため提言は極めて総花的提言になっている。しかし、これを「グローバル・リーダーとなる日本人の形成」という具体性に乏しいキャッチフレーズだけが先にありきで後付的に政策提言がなされているとみると、提言の総花的性格は理解できる。「学びの主体」である学生は、学生時代においては「鍛え上げられる」

客体として学生が扱われ、卒業後は「グローバル・リーダー」という「主体」に変化することが求められ、そのうえで「日本文化を世界に発信することのできる人材」となるには無理があるといえる。

　第4次提言は第3次提言を踏まえて大学入学試験の在り方にも及び、のちにセンター試験の改革、民間英語試験の導入提言など教育界に混乱をきたしていくことになる。政策立案のための「提言」が目標を掲げることは間違いではない。ただし、グローバル社会における高等教育の提言となるとそこには歴史や人権・世界経済に関する展望などがある程度語られなければならないが、「提言」にはジェンダーギャップの克服などの社会問題を捉える視点やや将来社会人となる子供たちの生活展望─将来像がまったく抜け落ちている。主権者としての教育より規範意識の形成が先にきたり、大学で最も重要な「学びの主体」としての学生が「徹底的に鍛えあがられる」客体として扱われているため、このようなことが起こる。

　第5次提言はこれまでの「まとめ」に位置づくと読める。少子・高齢化社会の到来や生産人口の加速度的減少、グローバル化の進展速さなどについての問題意識が読み取れる。「日本を支える人材は、戦後約70年にわたり、6−3−3−4制の学制の下で育成されてきましたが、子供や社会の状況は大きく変化してきています。現在の学制の原型が導入されてた当時と比べて発達の早期化がみられるほか、自己肯定感の低さ、小1プロブレム、中1ギャップなどの課題が指摘されています。またグローバル化への対応やイノベーションの創出を活性化する観点から、英語教育の抜本的充実や理数教育の強化、ICT教育の充実が求められています。さらに、産業構造の変化や技術革新が進む中、質の高い職業人の育成も求められます」と今後の日本社会に対する危機感は読み取れる。しかし、これがなぜ学制の改変に結びつくのかという論理が理解できない。提言もその点はさすがに自覚しており、「国民的議論を深めながら、丁寧かつ着実に取り組みを進めることを期待する」としたうえでの提言となった。柱は以下の3つである。

　「1　子供の発達に応じた教育の充実、様々な挑戦を可能にする制度の柔軟化など、新しい時代にふさわしい学制を構築する。」

　「2　教員免許制度を改革するとともに、社会から尊敬され学び続ける質の高い教師を確保するため、養成や採用、研修等の在り方を見直す。」

　「3　一人一人の豊かな人生と将来にわたって成長し続ける社会を実現するた

め、教育を「未来への投資」として重視し、世代を超えてすべての人たちで子供・若者を支える」

　各々の提言に具体的な政策が提示されている。「制度の柔軟化」は、就学前教育である幼稚園教育の無償化、「高等学校の早期卒業」「大学・大学院の飛び級」である。「教員免許制度を改革する」とは「複数の学校種における指導可能な教科ごとの免許」「小学校における専科指導のための教員の配置」「学校支援ボランティアの推進により……多様な人材の積極的な登用」、そして3つ目の提言は上記のような「教育政策」を「未来への投資」と位置付けることの提唱であった。これらを概観すると当初の問題意識と具体的な提言に整合性が見られない点は今までの提言と変わらない。これらの中で具体性と整合性がある内容を拾うと教員の免許・養成に関する点のみといえる。つまり、予算的裏付けを必要とするものは「意識や環境の醸成」でしのぎ、省令等で何とかなるものはそれで手当てするという傾向が見える。

　次に第6次提言を概観したい。1年5か月の間に立て続けに提言を出し、新たな提言を出すとなるとさすがに専門的調査研究を必要とする。第6次提言からは3つの分科会が組織され、そこから順次提言がなされるという形を取っていった。分科会は「これからの時代に求められる能力を飛躍的に高めるための教育の革新」「生涯現役・全員参加型社会の実現や地方創生のための教育の在り方」であった。第6次提言は「教育立国実現のための教育財源など地方教育行財政の在り方について」である。この提言から内容に説得力が増す。前回までとは異なり、分科会で議論が尽くされたからであろうと推察される。

　第6次提言「はじめに－100年先を見据えた新たな教育の在り方～教育再生実行会議第2段階の検討課題～」の最後に、「教育再生は道半ばです。教育再生実行会議では、引き続き、これまでの提言内容が教育現場に浸透し、現実の教育活動に反映されているか、その進捗状況をフォローアップしていくとともに、残された検討課題についても議論を続け、100年先を見据えた抜本的な改革について提言していきます」と述べられている。しかし、そのあと「社会に出た後も、多様な全ての人々が、都市でも地方でも、学び、輝き続ける社会へ～「学び続ける」社会、全員参加型社会、地方創生を実現する教育～」で語られることは既に生涯学習研究の領域では問題提起されており、「誰もが『学び続け』、夢と志のために挑戦できる社会」や「課題解決型」教育「地域を担う人材の育成」も新しいものではない。だが、この提言は規範意識の形成などの

文言はなく、地域のネットワークの重要性に重点を置いて書かれていることから提言内での矛盾は少ない。だた教育財源については具体性に乏しく、その分地域人材の活用が表面化しており、この点は「100年の先」とはならず、従来の教育政策を引き継いでいるのである。

　続いて、第7次提言「これからの時代に求められる資質・能力と、それを培う教育、教師の在り方について」では、これからの社会について「コンピューターの性能が飛躍的に伸び、近い将来には、様々な労働が機械に置き換わるだけではなく、頭脳労働の一部が人口知能に代替えされたり、高度な頭脳労働において人工知能が人間のパートナーになったりする時代が来ると考えられます。……特に経済活動における国境はこれから更に希薄になり、国内で仕事や生活をしていても、グローバル化の波が一人一人に押し寄せてきます」と展望している。それに対応する資質・能力として「①主体的に課題を発見し、解決に導く力、志、リーダーシップ」「②創造性、チャレンジ精神、忍耐力、自己肯定感」③「感性、思いやり、コミュニケーション能力、多様性を受容する力」を挙げている。このような「資質・能力」を培う教育方法としてアクティブラーニングの推進、ICTの活用による学び環境の革新、起業家精神の育成、優れた才能を有する人材の発掘・育成を掲げ、そのために「教師に優れた人材が集まる改革」を提起している。第7次提言は、第1次、第2次および第3次提言で出されている人間像及びその「教育」方法とは矛盾する。つまり第3次提言までは明確な将来ビジョンがなかったため、安倍政権のコアな支持母体の保守的な教育観を提起していたが、本提言は将来ビジョンがある程度あり、それを具体化すればするほど当初の提言とずれが生じていったのである。グローバル化の影響を受けるという点を焦点化すれば、教育政策も国際的基準としてに普遍化せざるを得ないが、保守的な支持層に受ける教育政策を追求すると国際基準と不整合を起こす。

　第8次提言はこれら提言の中で最も体系化された提言であるといってよい。憲法26条及び教育基本法第4条（教育の機会均等）の理念をベースに「これからの時代に必要な教育投資」を提言している。そこでは具体的な試算も例示され合理的な提言となっている。ただし「教育財源確保のための方策」となると民間資金の活用がまず挙げられ、税制の見直しも触れられているが、GDP10%のような具体的数値目標は挙げられておらず、途端にトーンダウンしている。グローバル化社会と教育を語るとき、教育財政は必須の条項であることは教育

財政学研究の常識であり、グローバルスタンダードといえる。国際的水準で日本はどのような地位にいるのかを提起しなければならないが、提言はそこから距離があるのである。第9次提言に至っては「すべての子供たちの能力を伸ばし可能性を開花させる教育へ」とされるが、国家の赤字財政を反映し、教育財政の部分がやはり薄くなっていく。国際社会で「リーダー・シップを発揮できる人材」を養成するには自発性を重んじる自由な発想を保障する環境とそれを保障する財政が国際水準に達していなければ教育政策は「絵にかいた餅」となってしまう。グローバル化社会への対応という言葉は提言を通して数多く見かけられるが、教育予算の部分ははっきりせず、第1から第5次提言は、第9次提言でも自画自賛的に政策化されていることを述べている。第9次提言の表題を本当にめざすなら、まず予算措置をとらなければならない。新自由主義政策ゆえに格差・貧困が生み出され、「いじめ」や不登校が発生するというメカニズムを変えることを避けて、教育の問題（規範意識の問題）としてすり替えていく思考は日本教育政策史を見ていると支配層の常とう手段であった。まさにこれがグローバル化した現代にまた現れているように見える。

　2017年6月1日第10次提言「自己肯定感を高め、自らの手で未来を切り開く子供を育む教育の実現に向けた、学校、家庭、地域の教育力の向上」および2019年5月17日第11次提言「技術の進展に応じた教育の革新、新時代に対応した高等学校改革について」があるが、第10次提言は以下の節で論じて行きたい。また、第11次提言については今回の検討から外しておきたい。十分な検討をする間もなく新型コロナウイルス感染症により、学校教育が多大な影響を受けることになった。その時ICT活用などの機会が突き付けられている。この問題はアフターコロナの社会で議論される可能性があるため、稿を改めたい。

5．安倍政権の時代で「何が変わった」のか、「何が変わらなかった」のか

　安倍政権の政策は、民主党政権時代の問題を指摘し、アベノミクス政策を押し出し、デフレからの脱却を図る。結果としてますます格差社会が進み、規制緩和は掛け声だけで実際は足踏み状態となる。多くの紙幣を発行し、モノの価値を上げるリフレーション政策の結果、国際的に日本人の労働力の価値が下がっていった。対ドルに対して円の価値が下落したにもかかわらず賃金が上がらなかった点を見ると明らかである。

　2014年、政府は内閣に人事権を集中させることになる内閣人事局を設置して

いる。官邸主導で官僚人事を掌握するというものであった。組織運営を直接人事を掌握するということでコンプライアンスを効かせ、政権の意向を官僚組織に行き渡らせる方策を全面的に展開する。この方策は提言の中でも出てきた学校・大学における校長・大学長のリーダーシップ論の強調、教育委員会の教育長に対する責任の明確化は一貫して表れていた。それにより「忖度」の文化が広がっていく。若者は「空気を読む」との言葉に象徴されるように集団に埋没する生き方を学習する土壌が醸成されたといえる。

　提言は教育のあらゆる分野に及んでいたが、教育予算の状況は変わらなかった。教育予算と防衛費を比較しながら見てゆくと次のようになる。安倍政権が発足した2012年5兆4057億円であったが、2020年5兆4152億円で100億円の伸びである。これに対して防衛省予算は2012年4兆7900億円が2020年5兆3100億円と文教育予算に肩を並べるまでになった。また第7次提言が出た、2015年のOECD調査によると日本全体の教育予算はGDP2.9％と指摘され、35調査対象国中最下位であるとマスコミでも報道されている[8]。防衛費は2015年の段階で世界8位であった。

　また第1次提言以来「社会総がかりで教育」を行うとのことであるが、子育て環境はあまり改善されず、子どもの数は増えないのが現状である。子どもの数は2012年から2020年で見ると　2012年の出生数は103万7101人であったが、2019年には86万5239人となっている。明らかに少子化が進み、歯止めがかかっていないことがわかる。これとは対極に高齢者人口比率が増えることになる。また、大学改革は提言の主要な柱であるが、あまり変わらない。4年生大学進学率は2012年50.8％であったものが2019年53.3％と伸びているが、これを女性の進学率でみると2013年42.4％であったものが19年44.3％となっている。女性の進学数が増えているが、まだ過半数には5％以上の伸びが必要である。

　「女性活躍社会」が実現しているかというと、女性の年収と男性の年収の格差を比較すると全く実現していないことがわかる。安倍政権の政策では格差は埋まらない。厚生労働省調査によると、2012年男性ピーク時50〜54歳　417.9千円　女性ピーク40〜44歳　256.6千円が8年後の2019年、男性50〜54歳423.7千円　女性50〜54歳275.8千円である。「女性活躍社会」を叫びながらも所得格差はこのような状態であり、また男性の賃金もピーク値でほぼ横ばいである。国際的にみると円安が進んだ分だけ下がっているといえる。学歴と賃金の関係を男性と女性とで比較してみると、女性の大学院・学部卒業者の平均賃金

が、男性の高卒者の賃金とほぼ同じという現実がある。それは多くの女性が派遣労働もしくは非正規雇用に従事しているからである。派遣労働者数を見ると、2012年90万人が2020年143万人と増加している。

　以上のよう社会環境の中で、教育改革に力点を置いてきた安倍政権のもとでどのように若者が意識形成されていったであろうか。。

　日本財団が2019年若者意識の国際比較という調査をしている(9)。それを見ると教育実行再生会議がなぜ第10次提言を出さねばならなかったかがよく理解できるのである。本調査は日本財団「18歳意識調査」第20回テーマ：「国や社会に対する意識」（9か国調査）で2019年9月下旬から10月上旬に行われたものである。対象者は17歳から19歳までの各1000人、対象国は日本、中国、インド、ベトナム、インドネシア、アメリカ、イギリス、韓国、ドイツである。

　質問概要は「自身について」「解決したい社会課題」「自分の国の将来について」「自分の国が将来どのような国になってほしいか」「どのようにして国の役に立ちたいか」の5項目である。結果はほかの8か国と比較すると驚くべき結果となっている。その中で特に深刻な結果が、「Q1　自身のことについて」と「Q3　自分の国の将来についてどう思いますか」である。「Q1−1」自分は大人だと思うか」に対する回答が、はい―日本29,1%であるのに対して、インド84.1%　インドネシア79.4%、ベトナム65.3%、中国89.9%、韓国49.1%　イギリス82.2%　アメリカ78.1%　ドイツ82.6%であり、明らかに日本の若者が自分を大人と認識していない。大人との認識するためには様々な社会的伝統に影響されるから、自己の大人認識が低いと理解することもできるかもしれないが、以下の質問と回答を見るとこの見方は意味がなくなる。「Q1−2」自分は責任がある社会の一員だと思う」はい―日本44.8%。に対してインド92.0%、インドネシア88.8%、ベトナム84.8%、中国96.5%、韓国74.6%、イギリス89.8%、アメリカ88.6%、ドイツ83.4%である。国際比較をした場合、若者は自己が大人だと思えると社会的責任を自覚できるという傾向がある。これはまた、「Q1−4」「自分で国や社会を変えられると思う」との質問についても回答も同じ傾向が出ている。日本人の「はい」回答は特に低く18.3%であり、インド83.4%やインドネシア68.2%、中国65.6%、アメリカ65.7%でトリプルスコアで差が開いており、8か国中最低の韓国ですら39.6%で日本との差はダブルスコアである。

　また「Q3自分の国の将来についてどう思いますか」の質問の回答であるが、日本の若者は「良くなる」と答えた回答が9.6%である。他の国はどうかという

と中国96.2%、インド76.5%、ベトナム69.6%、インドネシア56.4%、アメリカ30.2%、イギリス25.3%、韓国22.0%、ドイツ21.1%であり、日本では10人の内およそ1人しか将来をよくなるとみていない。8か国中最低のドイツでも5人の内1人強がよくなると考えている。これが「悪くなる」と答えた回答になると日本は37.9%でイギリス43.4%について高い。ただしイギリスの場合EU離脱という国家的大転換とそこに至る移民問題・テロ事件などの影響で将来不安が高まっている点を留意してみる必要がある。日本では移民もテロもあまり厳しい状況ではない中で「悪くなる」との回答が高いのである。

　以上の調査結果から見てみると、第1次安倍政権から第2次安倍政権が積極的に推し進めてきた教育政策の成果とも見るべき姿が、若者の回答に出ているとしたら、「グローバル・リーダーの育成」という教育政策が成功していないということである。「いじめ問題」を切り口として、「規範意識の形成」をめざした道徳教育の教科化などでは「自己肯定感」は形成されない。そもそも人は「国家・社会に対する批判意識が存在するから新し社会への期待を持つ」。これは歴史が教えるところではないだろうか。

6．将来戦略なき教育改革における目標の欠落

　以上、教育再生会議、教育再生実行会議を概観してきたが、一貫してはっきりしないのが、安倍政権は、何のために教育改革を推し進めてきたのかが不明確な点である。どのような国家・社会を展望して会議は提言をしているのかが読み取れないというのが結論である。だが、両会議は安倍内閣直属の会議であるから、その方向性が見えてもよいと考える。

　そのヒントは、柳沢協二が2013年国家安全保障会議設置法関係で安倍政権の特色を述べている点にあると思われる。同年度に制定された国家安全保障会議設置法　特定機密保護法、そして集団的自衛権の行使確認の3点を柳沢協二は「安保版アベノミクス・3本矢」と指摘する。柳沢はなぜこれを成立させたかというと、アメリカと同盟の双務性を高めることによって「イコールパートナー」になりアメリカに対して日本から言いたいことを言うということを目指してきたと指摘している。そのうえで、柳沢は自分が防衛官僚であったため自衛隊員の安全を預かるものの立場として、「日本の自衛隊はアメリカが攻撃されたときに血を流すことはない。……それでは完全なイコールパートナーとはなりえない」との安倍の言葉に、「怒り」を感じつつ、「自衛隊員の生命を危険に

さらしても」「アメリカに何を言おうとしているのか」について以下のように
述べている。

　「結論から言えば……、歴史認識の見直し、すなわち東京裁判という戦勝
　国による一方的な断罪を受け入れた「自虐史観」の否定であり、ひいては、
　日本を破滅に導いた第二次大戦における敗戦の歴史のリセットであろう。
　それが今日の世界に通用するものなのか、そして日本の安全保障上有益な
　ことであるのか、が問われなければならない。」

　柳沢の指摘に従って現状を見ると、国際関係は「外交の安倍」といわれてい
るほど芳しくない。アメリカとの関係も「イコール・パートナー」にはなって
いない。沖縄基地問題は前進しないし、横田空域の問題は議論にすらならない。
アメリカとは従属的な関係となっている。ロシアとの北方領土問題は未解決。
特にアジア諸国との関係は進んでいない。尖閣諸島は全く解決になっていない
ばかりか緊張が増している。韓国とは、従軍慰安婦問題、徴用工問題で関係は
悪化の一途をたどっている。北朝鮮とは、内閣の最重要課題である拉致問題で
話し合いすら行われていない。もちろん外交は相手あってのことであるが、近
隣諸国との関係はことごとく良くない点は明らかで、国内世論もアジアの隣国
に対しても厳しく、これに対する手立てを講じるよりも、むしろこの国民意識
を利用して外交を展開してきた。結果、安倍政権の外交成果は芳しくない。
　国内的にはアベノミクス政策により株価は上昇し、民主党政権時代より株価
指標で経済状態を評価するなら、政策はうまくいった。だが株高は富裕層に対
してその恩恵はあるが、余裕のない人たちに対し、その影響はほぼない。格差
は拡大し、子ども食堂などの民間の貧困対策が常態化した。
　「グローバルリーダーを形成する」役割を大学に担わせようと意図して大学
への統制強化を押し進めてきた。だがアカデミズムを軽視し、国民意識がアジ
アに対して排他的傾向をもつことに歯止めをかけることなく「グローバルリー
ダーを形成する」という論理はかなり無理がある。そのうえグローバル化によ
る人々の日常生活の貧困化に歯止めをかけられなければ、生活状況の厳しい子
供の大学進学は難しく、また進学した多くの学生がアルバイトに時間を割くこ
とになり、学業に集中する時間が少なくなることは容易に想像できる。このよ
うな状態では大学教育はその期待された役割を演じることはできない[11]。貧

困化を止め、平均賃金格差に象徴されるジェンダーギャップを踏めるなどの政策目標がなければ、多くの青年たちは高等教育の可能性を信じないのではないだろうか。

7．おわりに

　安倍政権の教育政策はモザイク的で一貫性がなく、グローバル化政策を揚げる傍ら、古い規範意識形成を目指し、時代錯誤的な社会観のもとで進められてきた。本来、教育政策は「国家が支持した教育理念」（宗像誠也）であり、それ故に国家像が存在する。明治維新期の教育政策には、徳川幕藩制度に代わる近代日本の社会像があり、そのために教育政策が立案されていった。また日本国内約320万人の犠牲の上に始まった戦後日本には憲法＝教育基本法体制と指摘されているように民主主義社会の主権者の育成という基本理念があった。しかし、安倍政権にはこの国家ビジョンがない。2006年教育基本法「改正」もそうであるが、真正面からからの「改正」ではなく、為政者側にとって都合のいいところを「付け足す」モザイク的改正であった。新自由主義の教育政策はグローバルな基準にそぐわないものは排除していくことを基本的特色する。地域社会の伝統や特質を排除することを基本とする。しかし、グローバル化の中で「戦い抜く」ためには基本戦略として、その特色を生かしつつ世界市場で戦わなければならないから、その価値創造の拠点の多様性は守らなければならない。そうしなければ他国と同じモノは作れても、「有用な価値」は生まれない。すでに述べたように教育機関は特に守らなければならない場であることがわかる。

　安倍政権の教育政策にこの戦略が見えない。「グローバルスタンダードに合わせなければならない」ところにこだわり、「グローバル化の波から守らねばならない」ところを変えようとしていた。この過程こそ現代日本の政策的特色があらわされている。安倍政権とその支持者たちは21世紀の激動するアジアを曇りなき目で捉えられず、経済的には中国・韓国などアジア諸国との友好的関係なしで将来を展望できないにもかかわらず、アメリカ主導の世界戦略に任せ、国内的にはアメリカ合衆国ではおそらく認められないであろう歴史観＝教育理念を内包するという歪んだ現状を紡ぎだした。

　イデオロギー的には復古主義的な主張に基づいた倫理観や家族観・歴史観を「新」自由主義史観と言い換え、国際的には同意が獲得しにくい思想と論理を展開する一方で、冷戦後のアジアを舞台として、新自由主義政策を基礎として

経済政策を展開することになる。

　「グローバリゼイション」という資本の国際化がアジアの諸国家を飲み込む中、バブル経済崩壊後の体制を立て直せないままアジアの国々と向かい合うことになった日本資本主義は、アメリカのアジア戦略に積極的に組み込まれ、他方で深化するグローバル化に対しては「戦前回帰的規範意識」を持った日本人としてのアイデンティティー形成を目指すという極めてモザイク的人間形成を成し遂げることになる。安倍政権の政策はこの典型的な特色の現象形態であるように見える。教育政策のゆがみは実際にはそれを受けた子供たちの「認識」に現れる。日本の子供の「自己肯定感の低さ」・「社会参加意識の低さ」はまさにそれであるといえないだろうか。

注
（1）安倍晋三『美しい国へ』参照（文藝春秋、2006年）「第7章　教育の再生」
　　　参照。
（2）日本会議と安倍政権手の関係は山崎雅弘『日本会議─戦前回帰への情念』
　　　（集英社新書、2016年）参照。
（3）ミルトンフリーマン、ローズフリーマン著、西山千明訳『選択の自由』
　　　（日本経済新聞、2002年出版）参照。
（4）なお教育基本法に家庭教育に関する条項が書き込まれている点は近代法制
　　　度からして問題をはらむ。この点については掘り下げて検討すべき事項であ
　　　るが、稿を改めたい。なお、この問題については本田由紀・伊藤公雄編『国
　　　家がなぜ家族に干渉するのか─法案・政策の背後にあるもの』（青弓社、
　　　2017年）参照。
（5）教育再生会議　資料は教育再生会議のホームページから。
　　　http://www.kantei.go.jp/jp/singi/kyouiku/top.html
　　　　第一次提言は以下から。
　　　https://www.kantei.go.jp/jp/singi/kyouiku/houkoku/honbun0124.pdf
（6）岡部恒治・西村和夫・戸瀬信之編『分数ができない大学生─21世紀の日本
　　　が危ない』（東洋経済新報社、1999年）。
（7）教育再生実行会議の第1次提言から第11次提言は以下から。
　　　http://www.kantei.go.jp/jp/singi/kyouikusaisei/teigen.html
（8）「日本の教育公的支出は最低　2015年OECD教育調査」日本経済新聞、
　　　2018年9月21日。
　　　https://www.nikkei.com/article/DGXMZO35255610S8A910C1000000/
（9）日本財団『18歳意識調査第20回テーマ　国や社会に対する意識』2019年11
　　　月

(10) 柳沢協一『亡国の安保政策—安倍政権と「積極的平和主義」の罠』（岩波書店、2014年）15頁。

(11) なお、大学への統制強化と格差については以下の論を参照。大内祐和「高等教育政策の現在と課題」（公教育計画学会編『公教育計画学会年報』11号、八月書館、2020年）。

（公教育計画学会会員　新潟大学）

安倍政権下の道徳教科化
──なぜそうなったのか

大森　直樹

はじめに

　1958年の道徳特設を文部省初中局長として主導した内藤譽三郎（ないとうたかさぶろう）が、事務次官から自民党議員と文部大臣をへて、1982年の時点で次のように述べていた（内藤、1982）。

　　「道徳」については、教育課程の中で、〔1958年に〕はっきりと位置づけられることになったが、内容的には、まだまだ不十分だと思う。〔中略〕やはり昔の修身が良かったと思う。二宮金次郎さんが子どものとき、酒匂川で苦労した話とか、日本人の偉い人の少年時代の話が中心だった。子どもたちが、そこから何かを感じる模範となるようなものが並べてあった。今度の「道徳」の時間では、そのような価値観を養うものがない。〔中略〕立派な教科書もあるようにしたかったが、反対が強く、結局は教科でなく、特設道徳という不本意な形でしか実施できなかったのは残念だった。

　内藤の意見は、戦前の道徳教育の検証を一切行わないままに、「やはり昔の修身が良かったと思う」と言い切るものであり、単純な戦前回帰への指向をその特質とするものだった。これと同型の意見を自民党の国会議員が重ねたことについては、1975〜2006年に文部省・文科省に在職した寺脇研が記している（岩波書店編集部、2017）。

　　道徳についての議論というのはずっと以前からありました。まず戦後、やめてしまった「修身」を復活させろという議論があって、それは特別な教科、いわゆる普通の教科ではないのだということで1958年の学習指導要領改訂で「道徳の時間」が復活をするわけですけれども、その後も私は何

度もいろいろな自民党の国会議員に、修身を復活させろ、と言われました。

　1958年の道徳特設にたいしては、一方に教育現場における反対があり、別の一方には「やはり昔の修身が良かった」を共通の言葉とする側からの批判があった。これら二つの動きにはさまれて、実際の教育現場における道徳の時間は、とくに戦前型の価値観への傾斜をそれ以上に強めることもないかわりに、かといって廃止されることもないままに、双方に不満を残しながら続けられた。

　この状況を57年ぶりに打ち破って、安倍政権下では、歴代の保守政権がなし得なかった道徳教科化の施行規則改正が2015年に行われた。なぜそうなったのか。昨今の研究と評論（以下、先行研究）は、まず道徳教科化の問題点を指摘して、子どもへの影響と対応策を考えることを中心にして成果を挙げてきたが、なぜそうなったのかについては、かならずしも十分に明らかにしていない。ただし、先行研究の中には、この問いの解明に役立つ重要な指摘も含まれている。そこで本稿では、まず行論に必要な範囲内で子どもへの影響についての考察を概観して、次になぜそうなったのかに関わる重要な指摘を先行研究から整理してみたい。そのうえで、筆者の考えるところについても述べていくことにしたい。

１．子どもへの影響
（１）「演じる競い合い」と疎外感

　日本では1958年から子どもが身に付けるべき道徳基準を国が定めることが行われてきた。2015年の道徳教科化により、国が定めた道徳基準が教科書に書き込まれるようになり、2018年から小学校で学習の結果が評価されるようになると、子どもには何が起きるのか。

　藤田英典によれば、次のような問題や悪影響の起こる危険性があるという（藤田、2014）。①教科書に埋め込まれた「よい子の道徳」が重視され、「よい子の道徳」を演じる競い合いと相互監視・相互批判が起こること。②繰り返し「よい子の道徳」を強いられることにより疎外感・反発心・ストレスが醸成・蓄積されること。③道徳の評価が、その妥当性に関わりなく、子どもの振る舞い方や自己形成に影響を及ぼす「予言の自己成就」が起きること。④「よい子の道徳」が絶対的な物差しとして機能し広まると、そこで挫折する子や違和感・疎外感を抱く子どもは行き場が無くなること、である。

　一般に、道徳教科化は国が定めた道徳基準を子どもに内面化させることへのおそれから批判されてきたが、藤田においては、「演じる競い合い」の不毛や疎外感の指摘が行われており、内面化についてもそのプロセスが単純なものではないことが考察されていた。

（2）無駄な時間と思考停止
　宮澤弘道と池田賢市の共編著（宮澤・池田、2018）は次のように考えている。まず、無駄な時間になることである。副読本を使った道徳の授業も「十分問題」ではあったが、少なくとも評価はなかった。そのため、「子どもたちは自由な発想の中で発言をし、それを教員は柔軟に認めることが」できた。しかし教科化されてしまうことで、「A評価になる正解を探すゲーム」が教室で始まってしまう。「こんなにも無駄な45分」はない。「もっと恐ろしい」のは、子どもたちが「考えなくなる」ことだ。教科書には国が望む「価値」がわかりやすく書かれている。そのため、教科書に書かれていることは絶対と考える子どもは、「こういう時はこうすればいいんだよね」と、「内面の価値ですら教科書に答えを求め」るようになる。要するに「パターン化された行動様式が一般化」されてしまう。
　宮澤・池田による「無駄な45分」の指摘は、藤田による①の指摘とも重なっている。内面化については、そのプロセスが「考えなくなる」ことから始まることが考察されていた。

（3）「形式」と「内容」とこれから
　池田賢市は単著（池田、2021）の中でも、内面化の問題について独自の考察を行っている。教科化された道徳における「評価行為とは、人々の内心のあり方を公権力が問題視してよいということの承認」になる。そこでは、「どのような評価のあり方がよいかといったこと（方法や技術）が重要なのではない。評価の「まなざし」が公認される点が問題」なのである。ひとたび「内心を公的に問題にしてよいという「形式」がつくられてしまえば、どんな基準で評価するかは後からいくらでも設定することができる。道徳的価値の内容が問題になってくるのはその段階なのだが、そうなってしまっては、もう遅い」ことを指摘している。
　道徳教科化には、憲法が保障する諸権利（個人の尊厳、思想良心の自由ほか）

を侵害するおそれがあることが指摘されてきたが、このおそれがどの段階で具体化するものなのかを、池田の指摘は突いている。道徳基準を国が定めることはそれ自体が問題であるが、それだけでは直ちに諸権利の侵害が起きるわけではない。これに対して、教員が評価を前提とした授業を行なえば、それだけで直ちに内心を公的に問題にすることが承認されてしまう。

池田は次のようにも述べている。「しかし、心の中（道徳性の変化）というきわめて私的な領域が公的な問題の俎上にのせられていくことに、多くの人は危機感をもっていない。このような「形式」を軽視していると、示された「内容」が多くの人の合意を得られやすいものであるうちはよいが、そうではなくなったとき、それを止めることができなくなって」しまう。

これから実際に、子どもにはどのような影響が出てくるのだろうか。不毛で無意味な時間が流れていくのか、それとも別の展開となるのか。以上の見解も手がかりにしながら、事実を明らかにすることも、今後の研究には求められている。

2．なぜそうなったのか──先行研究の指摘から

さて、ここからが本題である。なぜそうなったのかの解明に手がかりを与える指摘を、5つの柱によりみていくことにしたい。

（1）自民党による「国家に立脚する教育改革」

戦後日本の教育政策には官僚が主導したものと保守政党が主導したものがあるが、道徳教科化は後者と見なすことができる。自民党の主導による道徳教科化の動きはいつどこで始まったのか。

園田雅春は、道徳教科化へと至る経緯を、森政権下の教育改革国民会議による2000年の教科化の提言から説明している（園田、2018）。①このときは教科化とならなかったが、②2002年から文科省が副教材「心のノート」を配るようになり、③2006年第一次安倍政権下の改定教育基本法に「道徳心を培う」「我が国と郷土を愛する態度を養う」が盛られて、④2007年同政権下の教育再生会議が教科化を提言し、⑤（福田政権下の）中央教育審議会がこれを否としたが、⑥2013年第二次安倍政権下の教育再生実行会議が教科化を提言し、⑦文科省の有識者会議がこれを是として、⑧2014年に中央教育審議会がそれを是とした、となる。同じ自民党政権でも森政権と安倍政権では道徳教科化の動きが前進し、

福田政権では後退している。

　元文科事務次官の前川喜平は、道徳教科化へと至る経緯を、中曽根政権下で1984年に設置された臨時教育審議会から説明している（前川、2018）。同じ自民党政権でも政権により教科化が前進したり後退したりする理由を考えるうえでも、前川の指摘には参考になるところがある。前川は、自身の文科省在職時（1979〜2017年）の教育政策を、「個人に立脚する教育改革」と「国家に立脚する教育改革」の同時進行と相克の過程として、とくに後者の拡大という図式において描こうとしている。前川は、中曽根政権下で胎動した「憲法改正の前段階」としての「教育基本法改正への企図」を後者の始まりとみており、次のように述べている。「中曽根氏にとって国家とは民族的共同体のことであり、その立派な構成員となるよう人間を教化することこそが真の教育だということなのだろう。このような精神は、森喜朗氏、安倍晋三氏といった中曽根氏の後継者となる為政者にも引き継がれた」、「2006年の教育基本法改正を境に、「国家に立脚する教育改革」の方向性が強まっていった。特に第2次安倍政権において国家主義への急傾斜が始まる。領土教育の強化や政府見解を書かせる教科書検定などがその表れであるが、最も象徴的なのは道徳の教科化である」。前川は、「教育基本法は改正されるべきであるという中曽根康弘氏の精神は、その後継者すべてに同様に引き継がれたわけではない」とも述べている。また、道徳教科化によるその内容については、「教育勅語との共通点が多く見られる」とも述べている。

　佐藤学の見方もこれと重なるところがある（佐藤、2013）。まず佐藤は、「いじめ問題」から教育改革の道筋をつくる手法（道徳教科化においてとられた手法）は、「中曽根首相による臨時教育審議会」をルーツとしたものだとしている。そのうえで佐藤は、安倍政権下で「個々ばらばらに列挙される教育改革構想」は、「大きな二つの目的へと統合されている」としている。「一つは教育に対する全面的な国家管理であり、もう一つは憲法の改悪」である。佐藤は、自民党の改憲草案（2012年）が「国民の権利の制限と義務を謳」ったものと押さえたうえで、「安倍政権の教育改革構想を読むと、教育は自国中心のナショナリズムと国益のための「人づくり」としてしか認識されていないようである」と述べている。佐藤は、自民党の改憲草案について、「自衛隊の「国防軍」への改称、「自衛権」（集団的自衛権）の明記などによって人々を驚かせたが、何よりも驚いたのは、「公共の福祉」が「公益及び公の秩序」へと書き換えられ、

随所で人権の制限が行われ、表現の自由に制約がかけられているところである」
とも述べていた。

（2）軍事的側面への着目

　俵義文（子どもと教科書全国ネット21事務局長）と伊藤智永（毎日新聞編集
委員）の見解もみておきたい。俵と伊藤も、道徳教科化を自民党による教育基
本法改定や改憲動向と一体のものとみなしているが、佐藤のように改憲と教育
の関係を「人権の制限」を中心に把握するのではなく、両者の関係を軍事的側
面から把握しようとしている。

　俵は、まず「安倍「教育再生」政策」を二つの柱で整理している（子どもと
教科書全国ネット21、2014）。一つ目は、「大企業（グローバル企業）のための
人材（ひとにぎりのエリートと圧倒的多数の従順な労働者）を育成する新自由
主義教育改革」という柱。二つ目は、「「戦争する国」の人材、つまり「国防軍」
（自民党改憲案で自衛隊は国防軍になる）の兵士とそれを支え戦争を支持する
人びとを育成する新国家主義・新保守主義改革」という柱。この2つ目の柱と
密接に関わるものとして、俵は道徳教科化を位置付けている。俵は次の4つの
ことに着目をしている。

　一つ、2014年9月の中央教育審議会の答申案が、道徳教育の目標について、
「道徳的な心情を涵養する」としてきた従来の姿勢を転換し、「正直・誠実」
「公平・公正・正義」など特定の価値観を例示し、「道徳的判断を行い実践する」
ことを求めるようになったこと。

　二つ、この転換の背景には貝塚茂樹による次の主張があったこと。「教育勅
語でさえ12の徳目しかない」のに、「教育基本本には30もの徳目（価値）が、
学習指導要領には40を超える価値が列挙されています」「価値には中核的価値
と周辺的価値とがある」「学校では、まず中核的価値をしっかり学ばせること
を重視すべきだと思います」「2年前に私たちが出した『13歳からの道徳教科
書』は「清明心」を中核的価値としておきました。正義、正直、慈悲などこれ
だけは最低限教えるべき価値の厳選作業が必要だ」（日本会議機関誌『日本の
息吹』2014年6月号）。

　三つ、「清明心」は日中戦争が全面化した1937年に文部省が発行した『国体
の本義』において登場した言葉であり、そこでは、日本人は「天皇の臣民とい
う類のない国民性をもつ」と宣伝され、「清明心」は特別の意味を持つとされ、

094

「身を捨てて国に奉ずる心」とされていたこと。

　四つ、安倍政権が2013年12月に閣議決定した「国家安全保障戦略」の中で、「わが国と郷土を愛する心を養う」と記述し、安保政策にも愛国心養成を求めていることである。

　伊藤智永は次のように述べている。「東西冷戦が終わって、新たな国際紛争時代に入り、国の教育改革は経済的要請に加えて軍事的要請の比重が高まった。安倍流教育政治がそれまでと異質なのは、そのためだ」（『サンデー毎日』2017年4月23日）。伊藤によれば「学校は、自衛隊を支える『愛国心』養成の役割を負わされ」ているという。「軍隊の編成・錬成に最も肝心なことは、『自分は誰のため、何のために敵を殺し、自分の命を懸けるのか』という動機付けだ。自衛隊は天皇の軍隊ではない。主権者たる国民の軍隊だ。旧軍関係者がいかに戦前の尊王精神を自衛隊に植え付けようにも、天皇の姿を思い浮かべて砲弾の下を突撃するわけではない。そこで戦前とは異なる『愛国心』が必要になる」（『サンデー毎日』2017年4月30日）。

　俵は戦前の愛国心が再び持ち出される危険性を指摘し、伊藤は戦前とは異なる愛国心が求められていることを指摘しており、両者の論には違いもあるが、安倍政権下の教育政策に軍事的側面を認めている点は共通している。

　なお、ジャーナリストの斎藤貴男は、教育再生実行会議の副座長が三菱重工業株式会社取締役相談役・佃和夫だったことに着目をしている（斎藤、2013）。「佃氏は船舶用機械のエンジニア出身です。小中学校の教育問題に関する知見を備えた人物であるとは聞きません。安倍首相が小学校から大学まで過ごした成蹊学園の現理事長でもありますが、私にはそうしたことよりも、軍需・原発産業のトップを首相の諮問機関の副座長に据えて教育政策を語らせること自体に、国民に対するメッセージが込められているのだろうと思えます。この点を追求した報道が見当たらないのが不思議です」。

（3）財界の教育要求

　自民党が主導した道徳教科化を、前川は「国家に立脚する教育改革」、佐藤は「教育に対する全面的な国家管理」、俵は「新国家主義・新保守主義改革」という言葉で把握していることをみてきた（ここではその異同や是非については立ち入らない。的確な概念規定についての考察は、問題の全体像を把握してから行うべきだろう）。

　こうした教育政策の背景とは何なのか。そこに財界の教育要求があることを見逃さない研究や評論のことを、ここでは「財界要求論」と呼ぶことにしたい。「財界要求論」は戦後の教育史学における重要な研究枠組みの一つであり、教育現場にも影響力を持ってきたが、管見の限り、安倍政権下で加速した道徳教科化の動きについて、この立場からの評論や分析はあまり行われていない。その例外は、斎藤貴男が以下の見方を示していたことである（斎藤・鈴木、2007）。

　斎藤は、「「徳育の教科化」のようなことは今に始まった動きではない」としつつ、今回は、「新自由主義を補完・強化する役割を帯びることになると思」うと述べている。斎藤のいう「新自由主義を補完・強化する役割」とは何か。

　一つは、新自由主義の拡大により疎外感や不安に苛まれている人々を前にして、これらの人々に従順を強いて体制内に位置付けていくための役割である。斎藤は、「今回は国民の側にもある種の渇きみたいなものがあったのかもしれ」ないとまず述べている。「少なくとも国民の側は、新自由主義が強いる競争や疎外感や不安に対抗する意味で、「古き良き」伝統的な道徳観念、みたいなものを求めているわけです。しかし、それを本当にぶつけてしまうと一連の構造改革の全体が否定されてしまうので──新自由主義は弱いものはみんな蹴散らしてしまえという話ですから〔中略〕誰の目にも明らかな行き過ぎを正すような「国策」としての役目を、この道徳教育に課したいのではないでしょうか」。斎藤は、「庶民大衆は高望みなどせずに分をわきまえて生きるべきだとか。そのあたりの価値観が、階層社会に非常にぴったりくる」とも述べている。

　二つは、国力と経済力を上げるための愛国心を育成する役割である。斎藤は、「新自由主義、多国籍企業の論理そのものから愛国心を求めたがる姿勢を露わにしている」事例として、日本経団連会長の御手洗冨士夫をとりあげている。「アメリカが弱体化したときにレーガンさんが出てきて、「強いアメリカの復活」を掲げたら、みんなが一致団結して総動員体制で頑張った。アメリカの発展を支えたのはアメリカ人の愛国心であると。それを〔御手洗は〕日本で実現したいのです。ですから、古いタイプの保守主義者のいう愛国心とはまた別の意味で、国力、経済力のパフォーマンスを上げるために、選択と集中を社会のあらゆる部分で徹底していって、あとは精神論的にも総動員させるという。そのための愛国心というビジネスの論理」が御手洗にはみてとれるという。

　これらは斎藤と鈴木邦男の対談記録からの引用だが、この斎藤の見解に対しては、鈴木が次のように異議を差しはさんでいる。「政治家たちはそこまで考

えているのかな」。これに斎藤が次の回答をしていることにも注目しておきたい。「政治家たちの多くは単なるノスタルジーだと思います」。

（4）右派運動の影響

　道徳教科化の背景として、右派運動の影響を認める指摘も行われている。桂正孝は、安倍政権下の道徳教科化に関連して、「こうした教育の国家統制政策の推進にあたり、主導的な政治的役割を果たしたのが「日本会議（議員懇談会）」であったことは周知の事実である」と述べている（桂、2019）。1997年に２つの有力な右翼団体を統合して誕生した日本会議はいま「日本最大の右翼組織」（俵、2016）と目されている。俵義文も、「日本会議が要求し、運動した主なもの」の一つに道徳教科化を数えている。

　日本会議が安倍政権下の諸政策に強い影響力を及ぼしているように見えることについて、ジャーナリストの青木理が、戦後右派運動に関わってきた伊藤邦典の見解を紹介している（青木、2016）。

　　われわれは同じことをただやってきただけで、逆に全共闘の運動などがなくなっただけなんじゃないでしょうか。むかし（運動を）やっていた人たちが、左でやっていた人たちの声が、すっかり小さくなってしまった。もちろん今も一生懸命やっている人はいて、そういう人に私はシンパシーを感じるんです。だから、どっちが良いとか悪いとかいうことではない。われわれはわれわれのやりたいことを50年やってきた。でも、右の主張に対するアンチテーゼがいつの間にかなくなってしまった。それだけのことじゃないかとも思うんです。

　伊藤の見解は図式的にすぎるところもあるが、右派運動の国家への影響力を考えるときに、それとは対極にある運動の影響力についても考慮する必要を述べている点は注目に値する。

（5）教育現場の２つの対応

　なぜそうなったのかを考えるうえで、あとひとつ参照しておきたいのが宮澤と池田の共編著にみられる指摘だ（宮澤・池田、2018）。まず、2015年に北海道教育大学・東京学芸大学・愛知教育大学・大阪教育大学が公立教員5,373人

に行った国の政策に対するアンケート調査に触れている。道徳教科化の賛否を問うと、小学教員の79パーセント、中学教員の76パーセントが「反対」「どちらかといえば反対」と答えていた。だが、この結果は割り引いてみなければならないという。「残念ながらその反対はあくまでも「未知のものに対する不安」が中心」と考えられるからである。その上、そうした「不安」も「教員にとってみるとあまり大した違和感では」ないとしている。なぜなら、「日本の学校は日常的に子どもたちの内面を「評価」することに慣らされている」からである。

　次のようにも述べている。「道徳とはある面では非常にナイーブな問題であるため、「これを使ってこう教えなさい」という「フレーム」（教科書・指導書・ワークシート・評価基準）を現場教師自身が求めがちです。他方、国家は国民にフレームを与えてはみ出さないように管理したい〔略〕と考えるものですから、この道徳の教科化の問題に関しては双方が「フレーム」を望んでおり、不思議なWIN─WINの関係が成り立ってしまっているのです」。この指摘は、「現場が道徳教科化を受け入れる条件」をリアルに分析したものとなっている。

　宮澤と池田の見解が興味深いのは、「現場が道徳教科化を受け入れる条件」を示すこととあわせて、道徳教科化に危機を感じ、その弊害を少しでも減らそうとする試行がほかならぬ現場で続けられていることを、自身の行動で示してきていることだ。東京の公立小学校の現職教員である宮澤は、2015年2月に「道徳の教科化を考える会」を立ち上げ、学習会を主催し、その問題点を整理してきた。道徳教科化の悪影響を少なくするため、教材文を最後まで読ませない「中断読み」の実践を重ねて、その取り組みは全国紙（毎日・朝日）にも実名で報じられている。

3．研究枠組みと戦後教育史

　1人の研究者の見解から問題の全体を見渡すことがかなわなくても、多くの著者の見解を重ねてみることにより見えてくるものがあるのではないか。「2」で概観してきたことをふまえて、今後の研究の課題について3つの角度から仮説も交えて言及してみたい。

（1）研究枠組み

まず研究枠組みの問題がある。図表1のような「教育政策─教育要求」の研

究枠組みが有効ではないか（図表 1 の作成に際しては、元井一郎「教育政策と
教育の国家的支配—海老原「教育政策論」の批判的検討を通して」『四国学院
大学論集』第93号、1997年 3 月 を参考にした）。下の四角で囲ったところが
「社会」である。「社会」からは道徳教科化への賛成の教育要求と反対の教育要
求がそれぞれ上へと伸びており、その先に「国家」がある。それらを受け止め
た「国家」においては、道徳教科化が教育政策として選択されて、教育現場へ
と下されている。この図表の各部を見ると、ここまでの研究の成果と課題を整
理することができる。

　まず国家については、歴代の自民党政権が文科省をリードして道徳教科化を
進めてきたことが、明らかにされてきている。ただし、その教育政策の目的に
ついては、軍事的側面の有無も含めてまだ十分に整理されていない。

　賛成の教育要求について、右派運動から伸びていることは比較的はっきりし

図表 1 　「教育政策−教育要求」の研究枠組み

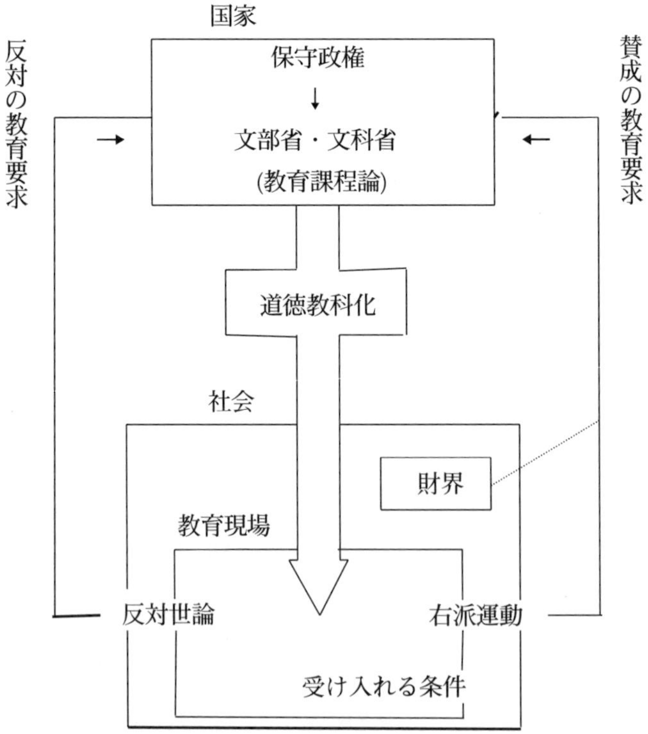

ているが、財界からの線は斎藤の指摘があるもののまだ実証されてはいない。財界がグローバルエリートの養成という明確な教育要求を持ち、歴代の自民党政権がその要求に応じようとしてきたことについては事実の整理が始まっている。これに対して、財界の教育要求と道徳教科化の関係を整理することは今後の課題となっている。

　反対の教育要求について、先行研究において言及されることは少ないが、社会の中には存在している。宮澤が研究会をつくり発信を重ねていることはその1つである。文科省は、道徳教科化に先立ち2015年にパブリックコメントを集めており、寄せられた5,993件について、教科化の賛成を 8 件、反対を 7 件に分類している。賛成と反対の実数の公表は行っていないが、反対の教育要求が存在することはここからも明らかである。

（2）戦後教育史

　なぜそうなったのかを解くためには、戦後教育史を振り返る必要もある。まず国家の動向について。保守政党が道徳基準の国定と愛国心教育の復活を試みるようになった画期は1952年11月24日だった。自由党政権の吉田茂が講和条約発効後の最初の衆議院施政演説において、戦後の教育改革に再検討を加えることとあわせて、「愛国心の涵養と道義の高揚」をはかることを提言している。そこには、「驚くほど旧態依然とした支配層」（升味、1969）による「本能的」な教育政策要求—労働運動や平和運動の高揚への恐怖とそれらの体制内化への要求がこめられていた。これに文部官僚が戦前回帰への志向にもとづき遮二無二に形を与えたのが1958年における「道徳の時間」の特設だった（大森、2018）。

　このとき社会では何が起きていたのか。長田新が『原爆の子』を著し（1951年）、日教組が「教え子を再び戦場に送るな」のスローガンを掲げるようになり（1951年）、「教師の倫理綱領」（1952年）を制定している。これらのことには次のような共通点があった。一つは、子どもに道徳を説くことに先立ち教員が自分自身の行動と道徳のあり方を問題にしようとしていたこと。二つは、朝鮮戦争と再軍備と講和条約の動きを前にして、教育現場の側から新たな生活の中の道徳を模索していたこと。三つは、その道徳の焦点が戦争反対であることを明確にしつつあったことだ。

　これまで吉田の愛国心教育は再軍備との関係で論じられることが多かったのであるが、実際のところは、まず長田や日教組による平和運動の拡がりがあり、

それらが高揚を重ねることへの恐怖心が支配層に生まれて、それらの体制内化への要求に応じて防御的に提言されたものだった。元来、日本の愛国心は「家族」と「天皇」によって国民を非政治化しようとするものだった（升味、1953）。そうした意味で、「吉田の愛国心教育」と「長田と日教組による平和運動」はしっかりと噛み合うものだった。だが、それから6年をへて1958年に道徳の時間が特設されたときに、多くの教職員が、どこか虚を突かれたような釈然としない思いを抱いた。エリート（吉田）が体制の動揺に際してパニックに陥り熟慮を欠いた提言を行い、その提言が時を隔てて後継者により政策として選択されて具体化される。こうしたことの被害を、教育現場は受けてきた。

（3）1958～2015年の力関係
　本稿の冒頭で、1958年からの道徳の時間は、とくに戦前型の価値観への傾斜をそれ以上に強めることもないかわりに、かといって廃止されることもないままに、続けられたことについて述べた。そのことの意味も明らかにする必要がある。
　再び図表1を見ていただきたい。まず、1958年の道徳特設の経緯を力関係から振り返ってみる。道徳特設の背景には吉田の提言や天野貞祐の協力があり、平和運動の高揚に対する支配層の恐怖もあった。だが、修身の復活を想起させる道徳特設には教育現場からの根強い反対があった。そうした均衡を破るうえで力を発揮したのがある特別な教育課程論だったのではないか。
　一般に教育課程論とは、学術と教育実践の研究成果をふまえて教育課程の具体的な内容を明らかにすることを主題としている。これを「客観的教育課程論」と呼ぶことにする。だが、これまで日本で力を持ってきたのは、これとは異なる教育課程論だった。それは、教育課程の具体的な内容を論じるのではなく、全国の学校の教育課程に影響を及ぼす絶対的な権力（決定権）の存在を前提にして、だれがその権力を握るのかを問題にする教育課程論である。これを「主観的教育課程論」と呼ぶことにしたい（大森、2020）。「客観的教育課程論」が教育課程論における正道であるのに対して、「主観的教育課程論」はその邪道である。
　文部省が「主観的教育課程論」を暴走させて1958年に道徳の時間を特設した要因の中には、教育現場の側における「客観的教育課程論」の遅れもあった。
　このことに気が付いていた一人が数学者・教育学者の遠山啓だった。次のよ

うに述べている。「われわれがやらねばならぬ」こととは、これまで国がつくってきた「教科課程のなかから子どもたちのためにならないものをふるい出し、それが全体の体系のなかでどのような負の役割を演ずるかを明らかにするとともに、われわれの正しいと信ずる教育内容をつくり出して、それに対置してみせ」ることだ（遠山、1980、初出は『教育』1968年6月）。文部省による「主観的教育課程論」の暴走を止めるためには、教育現場の側こそが、文部省に先んじて、堂々とした「客観的教育課程論」を提示することが必要と遠山は考えたのである。

　こうした教育現場の側からの「客観的教育課程論」の提示については、その到達点の一つが日教組の中央教育課程検討委員会（梅根悟会長）が1976年に公表した『教育課程改革試案』（以下、改革試案）だった。学者19人と教職員を含む専門委員59人による2年間の研究成果である。

　改革試案の小学6年に対応する部分をみてみよう（図表2）。1968年の施行規則は、教科・道徳・特別活動（標準時数外）の3領域だが、改革試案は教科（総合学習を含む）・自治的諸活動（教科外）の2領域とした。道徳は特設とせず、全教育活動で実施するものとしている。総合学習は、教科や教科外の諸活動でえた知識・能力を使って現実的課題を共同で学習するものだ。週標準時数は21＋xで、1968施行規則の31から大きく削減しており、学校5日制でもとりくめる。その基本の考えは、午前教科、午後総合学習と教科外というゆとりのある教育課程案だった。この改革試案については、次の評価がある。「かくて権力の教育政策を批判・抵抗するにとどまらずより積極的な教育要求を対置し大衆的な運動のなかでその実現をせまるという運動が成長しはじめたのである」（海老原、1977）。

　この改革試案が、1977・1989・1998年の三度に及ぶ国の教育課程基準の改定に影響を及ぼしてきた。1977施行規則は標準時数を削減、1977学習指導要領では内容削減の一環として天皇敬愛教育を削除。1989施行規則は削減した標準時数を維持（ただし1989学習指導要領は天皇敬愛教育を復活させた）。1998施行規則は総合的な学習の時間を新設し、5日制導入のために標準時数を削減、1998学習指導要領では総合的な学習の時間と5日制のために内容削減を行った。

　これらについては、文部省による改革試案の「つまみ食い」という側面もあるが、それと同時に、改革試案を通じた「積極的な教育要求」の対置によって、

文部省が「主観的教育課程論」を暴走させることを抑制してきた側面もあったとみるべきだろう。

　教育現場にとっての痛恨事は、その後に1976年の改革試案をこえる「客観的教育課程論」の提示ができなかったことだ。再び「主観的教育課程論」の暴走が起きる。まず2008施行規則が外国語活動の新設により標準時数を増加させ、2008学習指導要領が内容の増加を行った。その暴走の頂点が2015年の安倍政権下における道徳教科化だったのではないだろうか。

図表2　施行規則と改革試案の比較（小6）

1968 施行規則（文部省）	国語	社会	算数	理科	音楽	図画工作	家庭	体育	道徳	週標準時数
	7	4	6	4	2	2	2	3	1	31

1976 改革試案（日教組）	国語	社会	数学	自然	技術（※）	美術	音楽	保健・体育	総合学習	教科外	週標準時数
	5	2	5	2	2	1	1	2	1	x	$21+x$

2017 施行規則（文科省）	国語	社会	算数	理科	音楽	図画工作	家庭	体育	外国語	道徳科	総合的な学習	特別活動	週標準時数
	5	3	5	3	1.4	1.4	1.6	2.6	2	1	2	1	29

　　※家庭は中学と高校で男女共修の方針になっていた

引用文献

青木理（2016）．日本会議の正体．平凡社．
池田賢市（2021）．学びの本質を解きほぐす．新泉社．
岩波書店編集部（2017）．徹底検証　教育勅語と日本社会――いま、歴史から考

える．岩波書店．

海老原治善（1977）．民主教育実践史　新版．三省堂．

大森直樹（2018）．道徳教育と愛国心─「道徳」の教科化とどう向き合うか．岩波書店．

大森直樹（2020）．道徳教科化後の再発見．教育と文化、99．

桂正孝（2019）．「特別の教科道徳」の実施をどうとらえたか─「少国民」世代の実感録から．季報唯物論研究、149．

教科書全国ネット21（2014）．徹底批判!!「私たちの道徳」道徳の教科化でゆがめられる子どもたち．合同出版．

斎藤貴男・鈴木邦男（2007）．対談　道徳教育と新自由主義　教育再生会議第二次報告を契機に．季刊教育法、153．

斎藤貴男（2013）．安倍改憲政権の正体．岩波書店．

佐藤学（2013）．安倍政権の教育改革構想を検証す─虚妄と妄想を超えて．世界、842．

園田雅春（2018）．道徳科の「授業革命」─人権を基軸に．解放出版社．

俵義文（2016）．日本会議の全貌─知らぜらる巨大組織の実態．花伝社．

遠山啓（1980）．遠山啓著作集　教育論シリーズ　2　教育の自由と統制．太郎次郎社．

内藤譽三郎（1982）．戦後教育と私．毎日新聞社．

藤田英典（2014）．安倍「教育改革」はなぜ問題か．岩波書店．

前川喜平（2018）．面従腹背．毎日新聞出版．

升味準之輔（1953）．二つの愛国主義．改造、34-12．

升味準之輔（1969）．現代日本の政治体制．岩波書店．

宮澤弘道・池田賢市（2018）．「特別の教科　道徳」ってなんだ？─子どもの内面に介入しない授業・評価の実践例．現代書館．

（公教育計画学会会員　東京学芸大学）

特集2　安部政権の教育政策を総括する

第一次安倍政権・第二次安倍政権に関する年表

月/日　関　連　事　項

2006年

1/25　与党教育基本法改正に関する協議会開催（半年ぶりに改正議論を再開）

2/24　愛知県犬山市、全国学力調査に不参加を表明

3/29　義務教育費国庫負担法一部改正　可決・成立（公立小・中学校職員給与国庫負担割合を1/3とする）

4/ 1　義務教育費国庫負担法一部改正・市町村立学校職員給与負担法一部改正（市町村独自の教職員任用が可能に）

4/13　与党教育基本法改正に関する協議会最終報告

4/28　政府　教育基本法改正案を閣議決定

9/26　安倍晋三内閣成立（第一次安倍内閣発足）

9/27　東京地裁、入学式・卒業式での国旗への起立・国歌斉唱の強制を違憲とする判決

10/ 1　就学前の子どもに関する教育、保育等の総合的な提供の推進に関する法律施行（幼保一元化した「認定子ども園」を創設）

10/10　「教育再生会議」の設置を閣議決定

12/15　教育基本法の改正法案、参議院で可決成立（12月22日公布・施行）

2007年

1/24　**教育再生会議第一次報告**（ゆとり教育見直し、教委制度改革を提言）

2/27　最高裁、入学式での君が代伴奏を命じた職務命令を合憲とする判決。

3/10　中教審、「教育基本法の改正を受けて緊急に必要とされる教育制度の改正について」答申（教員免許更新制導入、国の関与強化など）

3/ 3　教科書検定で沖縄戦集団自決の記述に修正意見が付いたことが明ら

かになる
4/1　学校教育法・教育職員免許法一部改正（特別支援学校の制度化など）
4/24　**全国学力・学習状況調査実施**（1964年の「全国中学校一斉学力調査」以来43年ぶりの悉皆調査実施）
6/1　**教育再生会議第二次報告**（「授業時数10％増」「徳育を教科化」）
6/20　東京地裁、国旗への起立・国歌斉唱の職務命令に反した教職員の再雇用取り消しを合憲とする判決
6/27　（教員免許更新制度導入：2009年4月1日施行）
7/29　参議院選挙　政権与党（自由民主党）敗北
8/27　**安倍改造内閣発足**
8/28　**安倍晋三内閣総理大臣辞任の意向を表明**
9/12　**安倍晋三内閣総理大臣の辞任表明（9/26　総辞職）**
9/26　福田康夫内閣発足
10/23　教育再生会議が約1カ月ぶりに総会開催
11/15　文科省の問題行動等調査でいじめの定義が変更され、06年度のいじめ認知件数が前年比6倍増の約12万件に増加
12/25　**教育再生会議第三次報告**（理数系を中心とした学力向上策、徳育教科化など）

2008年
1/31　**教育再生会議最終報告（道徳の教科化等を提言）**
2/7　東京地裁、国旗への起立・国歌斉唱の職務命令に反した教職員の再雇用拒否を裁量権の濫用とする判決（高裁で判決取り消し、請求を棄却。
京都地裁、指導力不足を理由に分限免職処分を受けた元教員の処分取り消しを命じる判決（2011年5月30日最高裁で上告棄却）
2/28　学校保健法・学校給食法一部改正公布（2009年4月1日施行）（学校保健安全法に改称、国・自治体・学校設置者の責務を規定、学校給食を活用した食育の充実など）
4/18　中教審「教育振興基本計画について－「教育立国」の実現に向けて」答申
6/18　地震防災対策特別支援措置法一部改正（学校の耐震補強工事への国庫補助率引き上げ）
7/1　**政府「教育振興基本計画」閣議決定**
8/2　福田康夫首相辞任表明

9/24　福田内閣総辞職
　　　麻生太郎内閣発足

2009年

3/ 9　高等学校、特別支援学校学習指導要領告示

4/21　はじめて全市町村が全国学力・学習状況調査に参加、私立学校の参加は 5 割を切る。

6/19　著作権法一部改正（2010年 1 月 1 日施行（一部除く）：インターネットを利用した著作物等への対応を規定）

7/27　東京地裁、日教組の集会使用を拒否したプリンスホテルに約三億円の賠償を命じる判決（プリンス側は控訴）。

8/30　総選挙で民主党圧勝、政権交代

9/16　麻生内閣総辞職
　　　鳩山由紀夫内閣発足（〜2010/ 6 / 8 ）

12/1　文科相 2010年度からの実施の高校無償化は対象者すべてが無償であるべきという主張を表明

2010年

3/31　公立高等学校に係る授業料の不徴収及び高等学校等就学支援金の支給に関する法律公布（2010年 4 月 1 日施行：公立学校の授業料無償化と私立高校の授業料補助を創設）
　　　平成22（2010）年度における子ども手当の支給に関する法律公布（中学生以下の子ども一人につき月13,000円を支給）

4/ 1　文科省　文科相を本部長とする「公立高等学校授業料無償化・高等学校等就学支援金制度実施本部」発足

4/20　全国学力・学習状況調査実施、ただし、抽出方式に変更

6/ 8　鳩山内閣総辞職
　　　菅直人内閣発足（〜2010/ 9 /17）

7/11　参議院選挙　与党民主党が過半数割れとなる

7/21　文科省　公立学校の耐震改修状況の公表

8/26　文科省　「教育の情報化ビジョン」を公表。

8/27　文科省、公立義務教育諸学校教職員定数改善計画案を公表。少人数学級をめざすことを明記。

9/17　菅直人改造内閣発足

11/ 1　「子ども・子育て新システム検討会議」　幼稚園と保育所を「こども

園（仮称）」に統合する方針を示す

12/20 政府　保護者が滞納している保育料、学校給食費を地方自治体が子
　　　 ども手当から徴収できる制度の導入を閣議決定

2011年

2/10　厚労省　給食費、保育料だけでなく修学旅行費、教材費も子ども手
　　　 当の天引き対象とする方針表明

3/11　東日本大震災が発生、福島第一原発の事故発生

3/17　文科省　東日本大震災により、全国学力・学習状況調査を実施延期
　　　 （2011年度は中止）

4/22　公立義務教育諸学校の学級編制及び教職員定数の標準に関する法律
　　　 一部改正（東日本大震災関連改正）
　　　 地方教育行政の組織及び運営に関する法律一部改正（小一の学級編
　　　 制標準を35人に引き下げ、市町村教委による学級編制を都道府県教
　　　 委への事後届出で可能とする）

5/24　文科省　公立小中学校の耐震化を15年度までに完了させる方針決定

6/ 3　大阪府、公立学校教員に国歌斉唱を義務づける全国初の条例を可決

7/ 4　最高裁、国家斉唱時に起立を命じた校長の職務命令を合憲とする判
　　　 決

8/30　平成23（2011）年度における子ども手当の支給等に関する特別措置
　　　 法公布（年齢・出生順により月額1〜1.5万円を支給）（2011年10月1
　　　 日施行）
　　　 菅直人内閣総辞職

8/30　野田佳彦内閣発足

9/ 2　沖縄県八重山採択地区協議会において教科書採択を一本化できず、
　　　 その後も事態は平行線に

9/21　「大阪維新の会」が「教育基本条例」を大阪府議会に提出

12/16　政府「大阪維新の会」による教育基本条例は地方教育行政法に抵触
　　　 するとの見解を示した答弁書を閣議決定

2012年

1/13　野田佳彦第1次改造内閣発足

1/16　最高裁、「君が代」を斉唱せず懲戒処分を受けた東京都立学校教職員
　　　 の停職・減給処分を取消（戒告処分は認める）

3/23　大阪府「教育行政基本条例」と「府立学校条例」が可決、成立（首

長の教育行政への権限を強化。4月25日に大阪市でも同様の条例可決)

3/31 児童手当法改正公布（4月1日施行）（子ども手当に代わり児童手当に）

6/ 4 野田佳彦第2次改造内閣発足

8/22 子ども・子育て関連三法（子ども・子育て支援法、同整備法、認定子ども園法一部改正）公布（幼保連携型認定子ども園の改善、子ども子育て会議の創設など）

9/11 「国際人権規約A規約（社会権規約）第13条2項 (b) 及び (c) に付している留保撤回」閣議決定

10/ 1 野田佳彦第3次改造内閣発足

10/11 「大津市中2いじめ自殺事件」の発生と大津市教委の対応についての批判（事件の発端となったいじめ被害者の自殺が10月11日）

11/22 文科省の緊急調査により、全国の公立学校で半年間に14万件以上のいじめが起こっていることが判明

12/16 総選挙で自民党圧勝、政権交代（自公連立政権成立）

12/26 野田佳彦第3次内閣総辞職
第二次安倍晋三内閣発足（第二次安倍政権成立）

2013年

1/15 **「教育再生実行会議」の設置を閣議決定**

2/26 教育再生実行会議第一次提言を発表（道徳の教科化、いじめ対策法制化など）
下村文科相　道徳の教科化に向けた学習指導要領改訂の検討開始の表明

4/ 4 「道徳教育の充実に関する懇談会」（文科省）の初会合

4/15 教育再生実行会議が第二次提言を発表（教育長を教育行政の責任者とすることを提言）

4/25 全国学力・学習状況調査を4年ぶりに悉皆方式で実施。
中教審「第2期教育振興基本計画について」答申

5/28 教育再生実行会議第3次提言「これからの大学教育等の在り方について」
小学校の英語活動の教科化も提言

6/ 6 教育再生実行会議　大学入学改革などの議論を開始

6/14 **政府「第2期教育振興基本計画」閣議決定**

6/25 **自民党 教育再生実行本部「教科書検定のあり方部会」が「近隣諸国条項」に直しを求める「中間まとめ」**

6/26 子どもの貧困対策の推進に関する法律公布（政府が大綱を定めることを義務づけ）

6/28 いじめ防止対策推進法公布（9月28日施行）（基本理念、いじめ防止の措置、関係者の責務等を規定）

7/5 政府「子ども・子育て会議」「認定こども園」への私立幼稚園の参入を容易にする基本方針案提示

7/21 参議院選挙で自公政権勝利（衆参のねじれ現象を解消）

7/30 自民党 教育再生実行本部14年度予算に「教育再生特別枠」を設定することを首相に要望

?27 自民・公民両党 高校授業料無償化の所得制限ラインを「世帯年収910万円以上」で合意

10/8 OECD「国際成人力調査」（PIAAC）の結果を公表

10/18 文科省、教科書無償措置法に違反しているとして沖縄県竹富町教委に対して初の是正要求

10/31 教育再生実行会議 大学入試センター試験に代わる「達成度テスト」の導入などの第4次提言

11/15 下村文科相「教科書改革実行プラン」を発表

11/26 文科省「国立大学改革プラン」を発表

12/4 公立高等学校に係る授業料の不徴収及び高等学校等就学支援金の支給に関する法律一部改正公布（2014年4月1日施行）（所得制限を導入）

「安全保障会議設置法」改正（「国家安全保障会議設置法」に名称変更）

「国家安全保障会議（NSC）」設置

12/6 **特定秘密の保護に関する法律（秘密保護法）成立**（12月10日施行）

2014年

1/14 下村文科相 中学校・高等学校学習指導料解説に尖閣諸島と竹島が「我が国固有の領土」であると明記する方針公表

1/28 文科省、中学校・高等学校の学習指導要領解説を改訂、尖閣諸島と竹島を我が国固有の領土と明記。その後、小学校社会科では全教科書が明記

2/12 中教審大学分科会「大学のガバナンス改革の推進について」（審議ま

とめ）公表

2/14 **文科省、新たな道徳教材「私たちの道徳」を公表**

3/18 **中教審教育課程部会 道徳教育専門部会初会合**

4/ 1 消費税率5％から8％に引き上げ

4/16 義務教育諸学校の教科用図書の無償措置に関する法律の一部改正（採択地区の単位を市郡から市町村に変更など）

5/21 沖縄県竹富町が八重山教科書採択地区協議会から離脱することが決定、教科書採択問題は終結

5/30 **「内閣人事局」設置**

6/20 地方教育行政の組織及び運営に関する法律の組織及び運営に関する法律の一部改正公布（2015年4月1日施行）（教育長と教育委員長の一本化、総合教育会議の設置など）

6/25 ODCD「国際教員指導環境調査」（TALIS）の結果公表、日本の中学校教員の労働時間が参加国中で最長と判明

6/27 学校教育法及び国立大学法人法一部改正公布（2015年4月1日施行）（学長の権限化など）

7/ 1 **「国の存立を全うし、国民を守るための切れ目のない安全保障法制の整備について」閣議決定（集団的自衛権の行使容認等の閣議決定）**

8/29 「子供の貧困対策に関する大綱」を閣議決定

9/ 3 **第二次安倍内閣（改造）発足**

10/21 中教審「道徳に係る教育課程の改善等について」答申（道徳を特別の教科とすることを提言）

11/18 消費税引き上げ延期（2015年10月に10％引き上げ予定を2017年4月に延期）の首相会見（11月21日衆院解散・総選挙実施）

12/14 衆議院選挙で与党勝利

12/24 **第3次安倍晋三内閣発足**

2015年

3/27 **文科省、学習指導要領の一部改訂を告示**（「特別の教科 道徳」を新設し、小学校は平成30年度、中学校は平成31年度から完全実施）

4/ 6 文科省、平成28年度から使用の中学校用教科書の検定結果を発表（平成26年に改訂された新検定基準の適用で、社会科の全教科書が尖閣諸島と竹島を日本の領土と明記）

4/30 文科省「性同一性障害に係る児童生徒に対するきめ細かな対応の実施等について」教委等に通知（性同一性障害の児童生徒の学校生活

　　　に支障が出ないよう配慮を求める)

5/14　**「平和安全法制関連 2 法案」閣議決定（ 5 月15日国会提出）**

6/17　公職選挙法一部改正（2016年 6 月施行）（選挙権年齢を「18 歳以上」
　　　に引き下げ）
　　　学校教育法一部改正（2016年 4 月 1 日施行）（九年制の小中一貫教
　　　育校「義務教育学校」の創設）

9/19　「平和安全法制関連 2 法案（国際平和支援法・平和安全法制整備法)」
　　　可決（集団的自衛権の一部行使を可能にする安全保障法の成立）

10/ 7　**第 3 次安倍内閣（第 1 次改造）発足**

12/21　中教審が「これからの学校教育を担う教員の資質向上について」「チ
　　　ームとしての学校の在り方と今後の改善方策について」「新しい時代
　　　の教育や地方創生実現に向けた学校と地域の連携・協働の在り方と
　　　今後の推進方策について」の三答申を提出

2016年

4/ 1　障害者差別解消法が施行（障害者への「合理的な配慮」を国公立学
　　　校義務付け。私学は努力義務）、改正学校教育法施行（「義務
　　　教育学校」の創設等）

5/25　発達障害者支援法改正法案が成立（ 8 月 1 日施行）（定義の変更、個
　　　別の教育支援計画及び個別の指導に関する計画の作成の推進）

6/ 1　**安倍首相　消費税率10％引き上げ再延期の表明**
　　　文科省、18歳選挙権を定めた改正公職選挙法の施行を前に、「教職員
　　　等の選挙運動の禁止等について」通知

6/19　改正公職選挙法施行（選挙権年齢を「18 歳以上」に）

7/10　**参議院選で与党勝利（改選議席の過半数を獲得）**

8/ 3　**第 3 次安倍内閣（第 2 次改造）発足**

9/ 1　消費税率10％引き上げ延期（2017年 4 月を2019年10月へ）閣議決定

9/14　文科省が「不登校児童生徒への支援の在り方について」通知

12/ 7　義務教育の段階における普通教育に相当する教育の機会の確保等に
　　　関する法律が成立（フリースクール等で学習する児童生徒への支援
　　　を定める）

12/21　中教審、次期学習指導要領改訂に向けた「幼稚園、小学校、中学校、
　　　高等学校及び特別支援学校の学習指導要領等の改訂及び必要な方策
　　　等について」を答申（小学校高学年での「英語の必修教科化」「カリ
　　　キュラム・マネジメント」「主体的・対話的で深い学び」の視点の

112

導入　高校の「教科・科目」の大幅な再編など）。

2017年

1/ 6　文科省、スポーツ庁と連名で全国の中学校・高等学校で、部活動の「休養日」を適切に設置するよう通知。
　　　第193回国会（1 /20〜6 /18）での国有地売却問題（森友学園問題）、獣医学部新設に関わる問題（加計学園問題）などに関わり首相が追求される

3/14　学校教育法施行規則の一部を改正する省令公布（中学校における部活指導員の設置）

5/12　改正福島復興再生特別措置法成立（原発事故避難者の子供に対するいじめの防止等）

6/15　**改正組織的犯罪処罰法の成立（「テロ等準備罪（共謀罪）」の新設）**

7/13　文科省、退学入試センター試験に代わる「大学入学共通テスト」及び「高校生のための学びの基礎診断」の実施方針を決定

8/ 3　**第 3 次安倍内閣（第 3 次改造）発足**

8/29　中教審、「学校における働き方改革に係る緊急提言」を提出

10/22　**衆議院選挙で与党勝利（総議席の2/3を政権与党で維持）**

11/ 1　**第 4 次安倍晋三内閣発足**

11/17　教職課程コアカリキュラムの在り方に関する検討会「教職課程コアカリキュラム」を公表。

12/22　中央教育審議会・学校における働き方改革特別部会、「新しい時代の教育に向けた持続可能な学校指導・運営体制の構築のための学校における働き方改革に関する総合的な方策について（中間まとめ)」を公表

12/26　文科省、中教審特別部会中間まとめに基づき、「学校における働き方改革に関する緊急対策」を公表

2018年

2/ 9　文部科学大臣「学校における働き方改革に関する緊急対策の策定並びに学校における業務改善及び勤務時間管理等の取り組みの徹底について」通知

3/ 8　中教審「第 3 期教育振興基本計画について」を答申

5/18　改正著作権法が成立（学校等の授業や予習・復習用に、教員が他人の著作物を用いて作成した教材を生徒の端末に送信する際の許諾を

　　　　　　不要に）

5/25　改正学校教育法が成立（紙の検定教科書に代えてデジタル教科書を使用可能）

6/13　改正民法が成立（成人年齢を20歳から18歳に引き下げ）

6/15　**政府「第3期教育振興基本計画」（2018-2022年度）閣議決定**
　　　「経済財政運営と改革の基本方針2018」閣議決定
　　　幼児教育の無償化、高等教育の無償化等を盛り込む

6/29　働き方改革関連法が成立（罰則付きで残業時間に上限を設ける）

7/24　政府、「過労死等の防止のための対策に関する大綱」を閣議決定

10/ 2　**第4次安倍内閣（第1次改造）発足**

11/26　**中教審「2040年に向けた高等教育のグランドデザイン」答申**

12/28　関係閣僚会議、幼児教育と高等教育の無償化に向けた方針決定

2019年

1/18　教育実行再生会議　高校改革に向けた中間報告

1/25　中教審「新しい時代の教育に向けた持続可能な学校指導・運営体制の構築のための学校における働き方改革に関する総合的な方策について」答申
　　　文科省「公立学校の教師の勤務時間の上限に関するガイドライン」策定

4/17　柴山文科相、中教審に対し「新しい時代の初等中等教育のあり方について」諮問（小学校における教科担任制の拡大、外国人児童生徒への教育等）

5/ 9　文科省、「学校・教育委員会向け虐待対応の手引き」公表

5/10　大学修学支援法（大学等における修学の支援に関する法律）が成立（低所得世帯の学生に対する経済負担の軽減）

5/17　教育再生実行会議第11次提言提出（高校普通科の改革）

6/19　OECD「国際教員指導環境調査TALIS2018」結果発表（小中学校とも、日本の教員の勤務時間が最長）

6/21　改正児童虐待防止関連法成立（児童相談所の機能として「介入」と「支援」の違いを明確化、親の体罰の禁止の明記等）

6/28　文科省　公立学校教員の休日の「まとめ取り」できるようにする旨を都　道府県教委に通知
　　　視覚障害者等の読書環境の整備の推進に関する法律（読書バリアフリー法）成立（学校図書館において、視覚障害者等が利用しやすい

書籍等の充実と、円滑な利用ための支援が行われるよう、国及び地方公共団体が必要な措置を講ずる）

7/21　参議院選挙　与党勝利（改選議席の過半数確保）

9/10　OECD「図表でみる教育2019」公表（校内総生産に占める教育機関への公的支出割合が2.9%　35カ国中最下位）

9/11　第4次安倍内閣（第2次改造）発足

10/17　文科省、「平成30年度 児童生徒の問題行動・不登校等生徒指導上の諸課題に関する調査結果について」公表（いじめ認知件数が過去最多の54万件、重大事態もいじめ防止対策推進法施行後最多）

12/ 4　公立の義務教育諸学校等の教育職員の給与等に関する特別措置法（改正教職員給与特別措置法（給特法）の一部を改正する法律が成立（変形労働時間制の選択的導入等）

2020年

1/30　2019年度補正予算成立（GIGAスクール構想の初年度分経費盛り込む）

2/ 1　新型コロナウイルス感染症を「指定感染症」とする政令施行

2/28　安倍首相、新型コロナウイルス感染症対策のため、学校の臨時休業を要請

3/ 2　新型コロナウイルス感染防止のため、政府の要請による小中高校などの一斉休業が開始

4/ 7　7都県に新型インフルエンザ等対策特別措置法に基づく緊急事態宣言を発令（4月16日に対象を全国に拡大、5月25日に全国解除）

4/20　緊急事態宣言全国拡大を受けて45都道府県で都道府県立学校の全校休業

5/15　文科省、「新型コロナウイルス感染症の影響を踏まえた学校教育活動等の実施における『学びの保障』の方向性等について」通知（新型コロナウイルスの感染症対策を徹底した上でICT環境等も含めた「学びの保障」の方途等）

6/ 1　新型コロナウイルス感染防止のための休業していた小中高校などが再開

6/ 5　文科省　コロナ禍を受けて20・21年度の教員免許の更新期限を2年間延長可能とすることを都道府県教委に通知

8/28　安倍晋三内閣総理大臣　記者会見で辞任表明

9/16　安倍内閣総辞職（第二次安倍政権終焉）

【特集2　年表解題】

　特集2は、安倍政権下の公教育に関わる特徴的な政策・施策について批判的検討を行った論稿を中心に編集している。掲載した論稿の内容を補足する意味で安倍政権下の教育政策や法律改正などを中心に作成したのが「第一次安倍政権・第二次安倍政権に関する年表」である。

　周知のように、安倍政権は、第一次政権と第二次政権の併せて8年8カ月に及ぶ長期政権であった。具体的にその史実を振り返れば、安倍晋三が内閣を初めて組織した2006年の第1次安倍内閣とその改造内閣を組織した2006年9月26日から2007年8月27日までの約1年間が、いわゆる第一次政権である。その後、2012年の総選挙での自民党勝利に基づき首班指名を受けて組織した第2次安倍内閣から第4次安倍内閣までの2012年12月26日から2020年8月28日までの約7年8カ月が第二次政権ということになる。周知のとおり、第二次政権では、2回の総選挙に勝利し、2回の内閣を組織している。さらに、第二次政権では、内閣改造を6回行っている。以上のような2度に及ぶ安倍政権は、総計8年8か月という長期政権であった。同一首班で11度行われた組閣は、日本憲政史上初というものでもあった。

　こうした長期政権における教育法・教育政策に関連する史的事項を中心に作成したのが「第一次安倍政権・第二次安倍政権に関する年表」である。この年表は、安倍第一次政権が始まる2006年1月から始めている。そして、安倍第一次政権終了後、後継の福田内閣、麻生内閣の二つの自民党政権、さらに2009年の政権交代による民主党政権の期間を含めて、2020年の第二次安倍政権終了までの期間を対象としてこの「第一次安倍政権・第二次安倍政権に関する年表」は作成されている。

　年表は、あらかじめ断ったように安倍政権における公教育に関わる主要な教育政策・法規改正などを中心に記載し、併せて安倍内閣の組閣、内閣改造、辞職等については、日時を含めて太字表記としている。

　いずれにしても特集2の論稿を踏まえて、安倍政権下の教育政策等を振り返る一助として活用いただければと考えている。

（第4期年報編集委員会）

投稿論文

投稿論文：

校長免許状制度の成立・緩和・廃止過程における日本教職員組合の影響
―労働組合としての認定講習拒否闘争と職能団体としての教育研究大会

芥川　祐征

1　本稿の目的と課題

（1）課題設定

　本稿は、日本で校長免許状が制度化されていた戦後初期（1949年～1954年）に焦点を当て、校長職の資格要件に関わる法制度の制定・運用過程にみられた実態を明らかにすることを目的としている。特に、政策決定過程における私的アクターである日本教職員組合（以下、日教組と略す）が労働組合・職能団体として、校長免許状制度の成立さらには制度規程の緩和や廃止過程にどのように関わっていたのかを分析の対象とする。

　ところで、終戦後、連合国軍最高司令官総司令部（General Headquarters/the Supreme Commander for the Allied Powers：GHQ/SCAP）の占領下において、戦前・戦中の学校管理における指揮命令系統と、各学校における校長の包括的な支配権は厳しく批判された。したがって、アメリカ側から派遣された第一次米国教育使節団は協議会と学校視察を経て報告書を編纂し、「技術的な援助」および「専門的な助言」を行う「実践の監督」に関する職を新設すること、養成課程において専門的な準備教育を行うことを提言した。

　一方、日本側は教育刷新委員会第8特別委員会において、教育職員として共通に求められる知識・技能を重要視し、校長免許状を取得する場合であっても学歴、経験、人物等の要件を満たす者の中から選考委員会によって許可される方式を採用することを提案した。

　そして、1947（昭和22）年3月31日の学校教育法公布によって、戦前・戦中の小学校令にみられた「地方長官ノ命ヲ承ケ」という教育行政上の指揮命令系統に関する文言が削除され、校長職のもつ校務掌理権と所属職員監督権の固有性が認められた。しかし、校長免許状を取得する場合の資格要件やその前提となる固有の専門性については具体的な審議がもち越されることになった。

　このような動きの中で、6月8日にはGHQ/SCAPによる学校教育の民主化政策の一環として日教組の設立が容認された。しかし、当時は校長職の地位・

身分・職務権限が明確ではなく、組合への加入を認めるかどうかは大きな争点となった。すなわち、労働組合とは労働者が自主的に労働条件の維持改善その他経済的地位の向上を図ることを目的として組織する団体であるから、労働組合法第2条第1項において、①役員、雇入解雇昇進又は異動に関して直接の権限を持つ監督的地位にある労働者、②使用者の労働関係についての計画と方針とに関する機密の事項に接し、そのためにその職務上の義務と責任とが当該労働組合の組合員としての誠意と責任とに直接にてい触する監督的地位にある労働者、③その他使用者の利益を代表する者は含まれていなかった。しかし、校長は、学校教育法第28条において校務掌理権と所属職員監督権が、教育公務員特例法第13条第1項において教員人事に関する意見具申権が認められていたにすぎず、日教組は当初「校長は組合員としての資格を奪われるものではない」と解釈していた[1]。その後、「学校長の組合への加入、非加入については各単位労組が自主的に決定」することとなり、既成事実として日教組は「校長の組合加入資格を確保するために努力する」方針をとったのである[2]。

（2）先行研究の動向と本稿の位置づけ

ここで、戦後の校長職について、高野桂一は戦前・戦中から戦後にかけて制度的にはあまり変化がみられなかったとしつつも[3]、実質的にはそれぞれの時期の学校組織の動態と関係して「教員兼務制だった教授的校長」（teaching principal）から「指導監督者としての経営専門的独自な管理職校長」（supervising principal）に変容してきたことを明らかにしている[4]。したがって、高野によれば、校長職は「教育専門職を基礎とする特質」をもち、校務遂行活動としての経営管理活動（教育の校内条件整備活動）を行うことから「一般行政職的管理職でない」特殊な学校職制として位置づけられている、としている[5]。

このような特徴をもつ校長職については、関連する法律案の成立過程を対象とする研究によって、その特殊性の基盤をなす法的地位が解明されてきた。しかし、それらの先行研究の多くは、校長職の職務権限を規定した学校教育法の成立過程[6]や、身分を規定した教育公務員特例法の成立過程[7]を対象とするものである。

そのような中、校長職の資格要件を規定した教育職員免許法について、いくつかの研究もみられる。例えば、高橋寛人が文部省や民間情報教育局（Civil

Information and Educational Section：以下、CIEと略す）を中心として、日教組の動静も視野に入れながら、校長・教育長・指導主事免許状の創設と改廃の過程を明らかにしている[8]。また、北神正行は、校長免許状制度の成立過程に焦点を当て、米国教育使節団の報告や教育刷新委員会での審議内容を新たな分析対象として加えている[9]。このようなことから、戦後教育改革における校長職の資格については、文部省に対するCIEの影響という枠組みの中で法律の制定・改正過程が分析されてきた。

　一方、政策決定過程の私的アクターとしての日教組については、その結成過程や法的位置づけ等の組織体制そのものに関する研究や[10]、社会的問題に対する各種運動[11]が研究対象として扱われてきた。そのような中で、高木加奈絵が国家公務員法や教育公務員特例法に対する日教組の運動と、その課題としての労働基本権の制約について明らかにしている[12]。

　以上のことから、先行研究においては、戦後初期日本における校長免許状制度について資格要件の形成過程に光を当てたことに研究上の意義が見出せる。ところが、当時の教育職員免許法等は運用過程において未解明な部分が多く残されており、校長養成・現職教育制度が具体的にどのような問題をもっていたのかという視点から校長資格が考察されているわけではない。したがって、同制度の成果と課題を検証していくためには、運用過程でみられた課題を厳密に分析しておかなければならない。

　そこで、本稿においては、戦後教育改革の一環として創設された校長免許状制度について、その後の教育職員免許法等の改正によって取得要件が緩和され、最終的に廃止されていく過程で、教職員組合としての日教組がどのように影響力を持って関わっていたのかを明らかにしたい。そのため、次のような四つの研究作業を行う。第一に、教育職員免許法等の制定過程における日教組の要求を明らかにするために、日教組法制部の編纂した『日教組運動資料』および法律案の審議過程に関する『国会会議録』を分析・検討する。第二に、校長免許状取得の主たる手段であった教育職員免許法認定講習（以下、認定講習と略す）に対する日教組の受講拒否闘争の実態を明らかにするために、各都道府県教職員組合（以下、都道府県教組と略す）の機関誌等を分析する。第三に、教育職員免許法等の改正過程における校長免許状の取得要件緩和と任用資格化の内容を明らかにするために、日教組の「教育職員免許法」改正案を分析する。第四に、各県教組主催の教育研究大会の研究課題に注目し、校長免許状に関わって

議論になっていた学校経営に関する研修の代替への胎動について、都道府県教組の発行した『教育研究大会報告書』を分析する。

2 教育職員免許法等制定過程における日本教職員組合の要求

（1）教育職員免許法等の立案段階における校長免許状の容認

戦後の教育職員免許状制度について、日教組が初めて要望書を提出したのは、1948（昭和23）年7月13日のことであった。当時の中央執行委員長であった荒木正三郎が森戸辰男文部大臣に宛て「教育職員免許状制度に対する要望書」を提出、その中で「一．校長及教育長の免許状は之を設けないこと」「四．更新制度は之を設けないこと」「五．免許状取上処分の規定は之を設けないこと」「六．検定委員会は民主的機構にして民主的運営をする様措置すること」「八．現職教員に対する新免許状切替に際しては既得権を確保すること」等を求めた[13]。

しかし、同時期に日教組法制部によって作成された独自の法律案では、校長免許状を認めることになっていた。法制部作成の第一次の法律案骨子では「管理・教育行政（administration）の免許状」として認め[14]、その後の第二次の法律案骨子では校長免許状取得の履修課程について「新制大学4年の課程を以て足るものとするか、又は卒業後半年程度の履修単位とするか」について疑問さえ投げかけている[15]。

その後、日教組は各方面と交渉を続け、8月5日・8日・12日には文部次官と、8月24日および9月2日・7日にはCIEと交渉を行った。そして、再教育講習の受講を所要単位として追認するだけでなく、過去に受講した一切の講習（大学・教員養成諸学校において学生・研究生・聴講生として入学した者を含む）も認定講習の単位に換算するよう積極的に要望を出している[16]。

（2）教育職員免許法案の審議過程における日本教職員組合の要求

新制大学における教育学部の設置にともない、1949（昭和24）年4月25日に政府は教育職員免許法案および教育職員免許法施行法案を第5回国会に提出した。

国会における衆参両院での審議過程を概観しておきたい。衆議院では、5月12日の衆議院文部委員会において、日本共産党の渡部義通は普通免許状の区分（一級・二級・仮）による待遇の差を指摘したが、それに対して政府委員の稲

田清助（教科書局長）は二級・仮免許状は各学校の人員不足に対応するためであると説明した[17]。また、校長公選制を提案する渡部に対して、稲田は「学校の内部あるいは学校の外に対しまして相当管理的の能力」をもち、「相当長い年数教員としていい成績をあげている方々」に校長免許状を授与する方針であると説明した[18]。

　また、この政府作成の法案に対しては、保守政党からの批判、反対意見も表明されていた。例えば、5月14日の文部委員会において、民主党の稲葉修からは、①免許状の区分と欠格事由に関する規定は教員を萎縮させること、②上級免許状取得のために本来の教育活動が疎かになることが懸念されるという指摘もなされていた。しかし委員会では[19]、採決により法案が可決された。

　次に、5月14日の参議院文部委員会において参考人に対する意見聴取が行われた。この聴取では、教育委員会の立場から渋谷徳雄（東京都立川教育委員会事務局学務部長）が、養成機関の立場から石山脩平（東京文理科大学教授）が全面的に賛意を示した[20]。しかし、日教組側からの参考人については以下の表1のとおり、いずれも法案の可決には反対意見もしくは慎重に審議すべきとする意見[21]が示された。

表1　第5回国会参議院文部委員会における教育職員免許状に関する参考人の意見

参考人	免許状の種類・区分	免許状の取得要件	効力・罰則等
江口泰助 （長崎市立伊良林小学校教諭）	・一級・二級の区分は、教員の序列化や児童生徒・保護者による差別意識にもつながるため、一元化して要件を厳密にすべき。	・「非行」の定義が不明確で、教職員の権利を不当に侵害するおそれがある。 ・免許状の授与権者と異議申立ての事前審査権者がいずれも教育委員会にあるのは不条理である。	・取上げの基準が不明確で、教職員の権利を不当に侵害するおそれがある。 ・所轄庁に関して校長を行政権の一部として解釈すべきではない。
今村彰 （宇摩郡立三島中学校教諭）		・政治的活動を制限することは思想・良心の自由の侵害であり、新たな反動化を招くおそれがある。	・「公共の福祉」「全体の奉仕者」という言葉で、教育の思想・良心の自由を不当に制限するものだ。
金本東次郎 （古川町立古川高等学校教諭）	・一級・二級の区分によって教員に生じる不利益は行政が補うべき。 ・教育長免許状を取得する場合のみ制約が少ないのは不公平だ。	・教育活動と大学での単位修得は両立困難だから、要件緩和と行政による補完も検討すべき。 ・教員は社会的に批判対象になりやすいため、欠格事由は削除すべき。	・罰則規定は厳しすぎるので削除すべき。 ・教員の志願者数が少ないため、教員の社会的地位や待遇についても配慮が必要だ。

（出典：『第五回国会参議院文部委員会会議録』第14号、1-8頁より作成）

　日教組側の参考人の意見を要約すれば以下のようになる。まず、小学校教諭の立場から江口泰助は、免許状の区分を廃止した上で、履修科目については学校種（小・中・高）に応じて柔軟に設定することを提案している。次に、中学校教諭の立場から今村彰は、免許状の欠格事由が教育の自由を不当に制限し得るものとして反対した。そして、高等学校教諭の立場から金本東次郎は、免許状の公平性・公正性の確保のために履修単位数の削減、欠格事由の削減、教員の社会的地位や待遇に対する配慮等を要望するとともに、戦後の校長職には「事務的な手腕や或いは才腕」の必要性を認めながらも「教育者として教育の道に特に携つておる人」を任用すべきであると主張した。

　5月16日の参議院文部委員会では、日本社会党の河野正夫が免許状の区分による待遇の差について、日本共産党の岩間正男は免許状の種類（普通・仮・臨時）による教員の画一化・技術化について、それぞれ批判したが、政府は従前と同様の説明を繰り返した[22]。その後、5月22日の本会議においても同様の審議が重点的に行われたが[23]、採決の結果、賛成多数により法案は可決されたのである。

　以上のような国会審議を経て、教育職員免許法等が公布されたことにより、校長免許状が制度化され、具体的な取得要件も規定されたのである。すなわち、校長免許状を取得するためには一定の教職経験をもとに、①大学の正規課程における取得、②現職教育の単位修得と教育職員検定による上進、③旧制学校長を対象とした教育職員検定による切替のいずれかの方法がとられ、職務を遂行する上で基礎となる教職科目「教育評価（精神検査を含む）」「学校教育の指導及び管理（学校衛生を含む）」「教育行政学（教育法規、学校財政及び学校建築を含む）」「教育社会学及び社会教育」その他大学の適宜加える専門科目の履修が求められることになった。

3　認定講習拒否闘争の全国的展開から資格要件緩和の要求へ

（1）認定講習実施上の課題と拒否闘争

　このような法律案の審議過程において、日教組法制部は「文部省は日教組の本法案に対す（ママ）見解を無視して昨年8月原案を成文化した」ことに強く反対し、1949（昭和24）年2月3日から5日にかけて別府市で開かれた第4回定期大会では、地方からの法案反対闘争を呼びかけた[24]。さらに法律制定後、9月10日には各都道府県教組の委員長に対して、①最短期間で免許状を取

124

得させること、②講習の時期・機会・経費等は教職員の負担軽減を図ること、③既習の講習を全面的に活用させることについて、当該教育委員会（以下「県教委」とする）に措置を要求するよう指示を発出している[25]。

この指示を受けて、各都道府県教組では「教育職員免許法対策委員会」が発足した。例えば、埼玉県教組では9月25日に前法制部副部長の金本東治郎を招いて講演を実施するとともに、10月25日には要望事項を県教委に提出した。この要望書には、①今後の認定講習は県教組と緊密な連絡をとって実施すること、②講習会場を各郡市に分散すること、③通信教育等を奨励して単位取得の便宜を図ること、④認定講習により無条件で仮免許状を授与すること、⑤講習会費・受講者旅費を予算化すること、⑥各級とも規定以上の勤続年数を有する者の所要単位を縮小すること、⑦単位取得試験の会場を各郡市に設けること、⑧レポートにより試験の代替とすること等が明記されていた[26]。

次いで、1950（昭和25）年5月25日に、埼玉県教組は県教委に対して「教育職員免許法実施に関する要望書」を発出し、①認定講習企画審議会（仮称）の設置、②検定委員会の設置、③国立大学の免許法認定通信教育に対する補助費の考慮、④受講者旅費の考慮を要望した[27]。そして、実際に6月7日には教育委員会事務局7名、埼玉大学4名、教育職員4名が教育長から委嘱（任期1年）された埼玉県教育職員免許法認定講習企画協議会が設置されている[28]。

しかし、これらの運動にもかかわらず、認定講習の受講条件は改善されることがなかったため[29]、受講拒否闘争が全国的に展開されることとなった。この史実を整理すれば、当初は県教組に「占領当局や政府、地方庁の圧力があったので、地方の反対闘争には動揺がみられた」が[30]、次第に全国的に拒否闘争が波及し、7月13日の時点で不参加を決定したのは山形県・福島県・富山県・石川県・愛知県・鳥取県・岡山県・広島県・山口県・香川県・愛媛県・高知県・鹿児島県の13県にわたり、そのうち新潟県・山口県・高知県はすでにこの時点で拒否闘争に突入していた[31]。ただし、これらの闘争は一過性のものであり、夏季認定講習の開催時期こそ遅れたものの、例年どおりの受講状況であった。これは、免許状の有効期限といった急迫性のある問題が、拒否闘争の制約条件となったものと考えられよう。

しかしながら、矢継ぎ早に実施された認定講習では、①各教員が資格保持・上進のための単位取得に専念するあまり日常の教育活動が疎かになる「教育上の弊害」、②各学校において多数の教員が長期講習に参加することによって他

の教員の過重労働負担につながる「学校運営上の弊害」、③地理的条件の悪い農山村・僻地等では受講できない教員が続出する「経済上の問題」、④予算的措置の不十分な現状から会場・収容能力等から受講者の機会均等を満たせない「施設その他の条件」の問題を露呈させていた[32]。

　その後、当時の日教組法制部長であった槙枝元文がCIEからの出頭命令を受け、認定講習拒否闘争を撤回するように指示された。他方、戦後の教員養成・免許状制度を担当していたCIEのルーミス（Arther K. Loomis）教育課長からは、現行制度に不服があるのであれば「日本の実情に合った教員免許制度を考えてはどうか」と打診もされていた[33]。

（2）教育職員免許法改正による校長免許状の取得要件緩和

　このような動きの中で、教育職員免許法については矢継ぎ早に2回の改正が行われた。最初に、1950（昭和25）年5月23日の改正によって、校長仮免許状の有効期限が当初の1951（昭和26）年度末から1955（昭和30）年度末まで4年間延長された。

　ここで、日教組は「教育職員免許法日教組改正要項案」を示し、校長免許状の区分（一級・二級・仮）の廃止と、その所定単位数の大幅な削減を要求している（表2）。それは、人事行政上の需給関係において人員不足となること、広く有能な候補者の登用を阻害する可能性があること、単位取得を優先して学校経営に対する情熱を希薄化することが懸念されたためであった[34]。そのため、相当の教職経験を有し、人格・教養・行政的能力が十分と認められる者に対しても広く授与する方式が提案されることになった[35]。

表2　教育職員免許法等と日教組改正案における校長免許状取得要件の比較

取得方法	教育職員免許法等				日教組改正案			
	区分	基礎資格	勤務経験・在職年数	単位	基礎	勤務経験	年数	単位
大学養成課程	一級	学士号	教育職員　　　　5	45	教員	教育職員	3	25
	二級	教諭（一）	教育事務職　　　3	30		教育事務職		
現職教育	一級	校長（二）	校長　教育事務職　3	8			5	12
	二級	校長（仮）	教育長　指導主事　3	15	教員	教育職員	10	—
	仮	教員（一）	教育職員　　　　3	—				
旧制学校免許切替	一級		教育職員　　　　9	講習				
	二級	教諭（一）	教育事務職　　　6	講習				
	仮		3	—				
			現職校長	—				

（出典：教育職員免許法「別表第二」「別表第七」、教育職員免許法施行法「第2条表」、日本教職員組合「教育職員免許法日教組改正要項案」より筆者作成）

　次に、1951（昭和26）年3月31日の改正によって、校長仮免許状の取得要件が緩和され、教諭二級普通免許状をもつ者や国立商船高等学校長も資格切替の対象者として加えられた。

　こうした状況を勘案して、日教組法制部の教育職員免許法に対する闘争の目標として、校長免許状は「教諭の免許状所有者で相当の教育経験を有し人格、教養及びその職務遂行の能力十分と認められる者に授与」すべきであり、原則として「それぞれの職に必要な一定の研修を行うべきである」として、それら所定の研修修了者に普通免許状または仮免許状を授与することを提言することにいたった⁽³⁶⁾。

4　校長免許状の廃止に向けた日本教職員組合の要求
（1）校長免許状廃止に関する与野党の一致

　政府は1952（昭和27）年1月の政令諮問委員会の「教員免許制度は実情に即する様合理化する」という答申を受けて、免許等審議会の後継に教育職員養成審議会を設置し、「教職員の養成制度及免許制度に関する諸問題」について検討を始めた。他方、日教組は第26回中央委員会において校長免許状の廃止を要求することを基本方針として決定した⁽³⁷⁾。また、1952年11月26日には日教組法制部が「免許法改正に関する意見」として、校長免許状廃止の理由として、校長に必要な「管理行政或は指導行政の素養は一般教員が教育公務員として、当然もたねばならぬ素養」であって、校長にのみ求められる特殊な素養ではないのであるから、教諭としての資格の上に「教育実正、並びに衆目の見る高潔な人格と高遠な識見」が必要であるとした⁽³⁸⁾。これらの意見は「免許法改正に関する申入書」として、同年12月に岡野清豪文部大臣に出されている。

　同時期の1953（昭和28）年1月には日教組法制部が「教員免許法（案）」および「教員免許法施行法（案）」を作成している。そこでは、第3条第3項において「校長、教育長、指導主事については、第1項の規定にかかわらず、教諭の免許状を有する者をこれに充てるものとする」ことと規定され⁽³⁹⁾、2月に作成された「教育職員免許法（改正案）」においても同様の規定が明記された⁽⁴⁰⁾。

　やがて、日教組をはじめとした各方面からの要望や教育職員養成審議会の答申を受けて、政府は教育職員免許法及び教育職員免許法施行法の一部を改正する法律案を作成し、1953年6月13日に第16回国会に提出した。

　まず、衆議院においては、日本社会党左派の辻原弘市が同法について抜本的

な改正を7月11日の文部委員会において求めた。辻原は占領当局の指導によって成立した同法は免許状の取得要件が「日本の国情に合致しない、きわめて行き過ぎた内容」であるとして、簡素化する必要性を訴えたのである[41]。これに対して、校長免許状の廃止を含めて教育職員養成審議会において検討している段階ではあったが、政府委員の稲田（大学学術局長）と大達茂雄文部大臣（自由党）はともに簡素化することについて賛意を示した[42]。

　一方、認定講習については、同日の文部委員会において辻原が研修としての効果に疑問を投げかけた。辻原の主張は、免許状を取得するために全国一律で展開されている「形式的研修制度」よりも、実質的な「サークル活動あるいは現職教育」等のような各学校における「日常研鑽の方がむしろ成績をあげている」ことを指摘したものであった[43]。これに対して、大達はこれまでの現職教育は法的根拠に基づいて実施したものであり、これが「どの程度に再教育の効果を上げるかは別」であると述べている[44]。その後、採決により同法案は全会一致で可決され、7月14日の本会議においても可決された[45]。

　参議院の審議においては、日本社会党右派の相馬助治が、教職における職階制の定着を懸念している旨の指摘をした。7月21日の文部委員会において、これまでに教員として一定の「年限を勤めると校長になる道」が開かれており、新たに教諭一級免許状の所有者に対して教育職員検定を行うことは「中央官庁の好むような人のみをそういう形で作つて行こう」とすることにつながるのではないかと相馬は懸念を示した[46]。これに対して、稲田は実際の養成を担当するのは大学であるから「行政庁である教育委員会が勝手な判断において与える」ことはないとして相馬の懸念を否定した[47]。

　他方、認定講習については、同日の文部委員会において相馬が学校経営上の課題を指摘した。相馬は、現職者が免許状上進のための単位修得に奔走するあまり「学校の経営を殆んど不可能ならしめるような困難」がみられた事例から、仮免許状の有効期限の延長といった一部改正に止まらず、今後は抜本的な改正が必要であると主張していた[48]。これに対して、稲田は政府としても「できればもつと簡素にいたしたい」と答弁した[49]。その後、採決により同法案は賛成多数で可決され、7月27日の本会議においても可決されたのである[50]。

　以上のように、第16回国会では、日本社会党左派が免許状を取得するための要件が複雑であること、日本社会党右派が免許状の区分が職階制につながるおそれがあることをそれぞれ理由として、同法改正による資格要件の緩和を要求

した。このことは政府も同意しており、校長免許状の廃止が今後の検討課題として提示されることになった。

（２）教育職員免許法等改正による校長免許状の廃止

最終的に、政府は各方面の要望や教育職員養成審議会の答申を勘案して、教育職員免許法の一部を改正する法律案を作成し、1954（昭和29）年４月３日に第19回国会に提出した。

まず、衆議院の５月21日の文部委員会において、政府委員の稲田が校長免許状の廃止を説明した。稲田の説明は、学校職制における校長職の固有性を認めたものの「教育委員会等が十分考慮をして人選」すれば十分であり、あえて「行政運用の便宜」を図るために「これを免許状所要職といたしておく必要もない」ということであった[51]。これについて、辻原は、「基準の維持」と「資質の向上」を区別した上で、同改正案を国内の実態に即した「画期的な改正」「非常な英断」として評価した[52]。その後、採決により同法案は可決され、５月22日の本会議においても可決された[53]。

次に、参議院においても、５月25日の文部委員会において稲田が同様の説明を行い[54]、採決により同法案は可決され、５月28日の本会議においても可決された[55]。

以上のように、第19回国会では、学校職制における校長職の固有性として認めながらも、登用する場合には教育委員会等が十分に検討して選考することで足りるものと結論づけられた。その結果、校長免許状制度はわずか５年で廃止され、行政の簡素化を口実に任用資格制度がとられることとなった。そして、６月３日には関係する法律が整理され、改正教育公務員特例法において校長の任用資格および経過措置が規定されたのである。すなわち、校長職への登用のためには、教諭一級普通免許状の取得と５年以上の教育に関する職の勤務経験が必須とされることになった。そして、この要件を満たす者のうち採用志願者が名簿に登載され、任命権者による選考を経て、登用されることになったのである。ただし、当分の間は、人員不足に対処するための経過措置に関する規定に基づいて、教諭二級普通免許状の取得と５年以上の教育に関する職の勤務経験があれば、特別選考により登用されることも可能とされた。また、既に校長免許状を取得した者については、引き続き校長職としての資格要件を満たす者とみなされた。

5　教職員組合主催の教育研究大会と学校経営研修

　前述のとおり、校長免許状の廃止により、学校経営に関する研修機会は形式的には失われることとなった。しかし、当時の教職員組合には校長も加入していたことから、単位取得を伴わない学校経営に関する研修機会として各地の教職員組合主催の「教育研究大会」などが活用されていた。

　教職員組合が主催する教育研究大会に関しては、各都道府県教組主催の教育研究大会だけでなく、全国組織である日教組の主催による教育研究全国集会（以下、全国教研とする）が実施されていた。周知のように第1回全国教研は、1951（昭和26）年11月10日から12日にかけて日光市で開催され、参加者は研究主題ごとに各1名、各部都道府県12名を原則として実施されたのである。全国教研の1日目は開会挨拶・講演・質疑応答が、2日目は研究主題ごとに構成された分科会において報告・討議が行われ、3日目にそれらの報告と全体協議を行うという構成であった。この第1回全国教研では、第4分科会「教員の職場生活における障碍とその打開策をいかにするか」（過重労働負担、職務内容、学校職制改革、教育行財政制度改革等）のように民主的学校経営に関係するものもみられたのである[56]。

　こうした学校経営に関する分科会の主題設定は、都道府県教組が主催する各地の教育研究大会にも引き継がれていた。同分科会では、従来の学校経営の枠組みによる現状報告の域を脱却し、長期的な視点から学校経営の構造的課題を析出し、教育学研究者（中央講師・地方講師）との連携により改善策を見つけ出す作業を通じて、戦後の新しい学校経営やそれを支える教員文化の確立を目指した活動が散見された[57]。

　こうした各都道府県教組主催の教育研究大会における分科会の研究主題と開催日程については、以下の表3のとおりである。表3は、比較的史料が多く残されている東北地方を事例として作成したものである[58]。

　各教組主催の教育研究大会での学校経営に関わる研究課題は、開催の当初は教職員の日常的な職務遂行上の課題を主要な研究主題としていた。例えば、山形県では、教員の勤務実態および意識調査の結果から、教員の自主研修に対する阻害要因（研修費・設備の不足、校務分掌上の負担、雑務・各種会議の過多、教員自身の意識）、明朗な職場風土の形成に対する阻害要因（権威に対する卑屈観、非民主的な考え、教育行政への盲信、女性教員の地位・能力の過小評価、校長会の決定に対する諦観的追従）を中心に設定していた[59]。これらは学校

における勤務実態の把握にとどまっており、学校経営に対しての実効性のある改善策を立案するまでには至っていなかった。

　そのような中、次第に校長と教職員の権限関係を研究主題として、民主的な学校経営に焦点が移されるようになったのである。例えば、秋田県では、校長の「学校経営観の是正」として、これまでの学校にみられた教育計画の一貫性の欠如、指導過程における連携不足、学校施設の閉鎖性、校外生活指導組織の脆弱さ、関係機関の協調性の欠如を問題視しており、そのような問題状況に対して「セクショナリズムを払拭し広く地域社会の基本的教育目標と学校相互の協力協調とその中で果すべきその学校独自の使命とを常に念頭にした経営」を目指すことを課題としている⁽⁶⁰⁾。

　しかし、1956（昭和31）年9月30日に教育委員会法が廃止され、地方教育行政の組織及び運営に関する法律が制定されると、日教組法制部においても「校長の組合加入の禁止」を主張することになった⁽⁶¹⁾。そのため、各県教組の主催による教育研究大会において、学校経営に関係する研究主題が見られなくなったのである。

6　結論

　第一に、教育職員免許法等の制定過程において、「校長免許状」に関わり日教組の法案に対する要求を明らかにすることができたと考えている。日教組法制部が独自に作成した「教育職員免許法律案骨子」において、過去に受講したすべての講習も単位に換算することを前提として「管理・教育行政の免許状」を認めていたことには注目すべきである。しかし、第5回国会における同法案

表3　地方教育研究大会における学校経営関係の研究主題（東北地方の事例）

開催日程	研究主題
青森県 （1951年10月13-14日）	教員の職場生活における障碍とその打開等をいかにするか
青森市（1953年10月3日）	職場の生活実態と民主的なあり方について
岩手県（1954年11月5-6日）	職場の民主化、職場の諸活動、意識構造等教員の問題
岩手県（1955年11月19-20日）	職能を果すための研修はどうすればよいか、明るい職場づくりはどうすればよいか、明かにして父兄一般大衆と提携し教育の効果をあげるか
秋田県（1951年10月）	教職員の職場生活に於ける障害とその打開策を如何にするか
秋田県（1953年	地域、職場における民主化運動の実践
山形県（1952年）	教職員の職場生活における障害の実態とその対策
山形県（1953年11月28-29日）	学校、家庭、社会における教職員の生活実態と民主的なあり方

（出典：注58に示す各報告書より筆者作成）

の審議過程では、免許状の区分（一級・二級・仮）や欠格事由ついての反対を表明していた。

　第二に、校長免許状を取得するための主たる手段であった認定講習に対する日教組の拒否闘争指示の背景を明らかにできた。特に、教育職員免許法案の審議過程において日教組の意見を無視して成立したことを契機として、同法の施行に対して強く反対するようになり、各県教組に対して校長免許状取得のための認定講習の参加拒否を呼びかけている。この参加拒否闘争は、一時期、不参加を表明する県教組が13にも及ぶことになったことを確認できた。

　第三に、教育職員免許法等の改正過程における校長免許状の取得要件緩和と任用資格化の経緯について日教組の関わりを明らかにした。具体的には、CIEからの出頭命令を受けた槇枝らを中心として、日教組においても日本の実情に即した免許状制度が検討されるようになったことである。さらに、日教組が作成した改正案は、教育職員養成審議会の審議等における校長免許状の取得要件緩和および廃止を支持することになった。こうした校長免許状をめぐる政府と日教組の意見が一致したことを前提に、第16回国会および第19回国会の審議を経て教育職員免許法等が改正され、校長免許状制度はわずか5年で廃止されることになったのである。

　第四に、単位取得を伴わない学校経営をめぐる研修の一環として各県教組が主催した教育研究大会が活用されていたことを明らかにした。校長免許状の廃止により、学校経営に関する研修機会は形式的には失われたが、単位取得を伴わない研修機会として各県教組が主催した教育研究大会が活用されたのである。教組主催の教育研究大会は、その初期には教職員の日常的な職務遂行上の課題を研究主題としていたが、次第に校長と教職員の権限関係を中心とする、民主的な学校経営にも焦点が移されるようになったことが明らかになった。

　以上のことから、日教組は当初、政策決定における私的アクターの一つとして、校長免許状制度には慎重な姿勢をとっていた。特に校長免許状制度における日教組の要望が法律制定過程において重視されなかったことを契機に校長免許状取得のための認定講習拒否闘争を支持することも実行した。その後、校長免許状取得条件の緩和、あるいは廃止については、政府の方針に賛同している。いずれにしても、校長免許状にかかわる政策決定に労働組合としての一定の影響を与えてきたことは事実である。また、他方では各県教組自らが主催する教育研究大会（日教組でいえば全国教研）を活用して、学校経営に関わる課題を

132

扱うことも実行してきた。つまり、学校経営に関わる諸課題を「職場の民主化」を主題とする研究活動として設定してきたのである。当時、日教組には校長職に就いている組合員もいたこともこうした動向に大きく影響を与えていたといえる。

注

（1）日本教職員組合法制部「改正労組法解釈闘争に関する中間報告」『日教組運動資料』（日本教育会館教育図書室所蔵）。

（2）日本教職員組合法制部「新労組法に伴なう組織の問題」および「新労組法施行に伴う組織に関する件」『日教組運動資料』。

（3）高野桂一『基礎理論』高野桂一著作集「学校経営の科学」第1巻、明治図書、1980、107-300頁。

（4）高野桂一『学校経営のための法社会学―学校現場の「生ける法」を見直す―』ぎょうせい、1993、173-185頁。

（5）高野桂一『経営組織論』高野桂一著作集「学校経営の科学」第2巻、明治図書、1980、176-194頁。

（6）例えば、名古屋大学の共同研究では、学校教育法案と同法施行規則案の形成過程が明らかにされた（大橋基博・佐々木亨「学校教育法案の形成過程―学校教育法諸草案の特徴と変遷を中心に―」日本教育学会編『教育学研究』第50巻、第4号、1983、41-50頁）。一方、古野博明は立案作業の段階区分をより明確にし、教育改革立法過程全体の推移との構造的連関を明らかにした（古野博明「学校教育法立案過程の第四段階について」『北海道教育大学紀要』教育科学編、第43巻第1号、1992、93-107頁）。

（7）例えば、羽田貴史は教員身分法案の作成過程における教員の労働権について明らかにした（羽田貴史「教育公務員特例法の成立過程（そのⅠ）」『福島大学教育学部論集』第32巻第3号、1980、37-48頁）。

（8）高橋寛人「校長・教育長・指導主事免許状の創設・改廃過程―教育職員免許法に関する一考察―」東北大学教育学部教育行政学・学校管理・教育内容研究室編『研究集録』第14号、1983、29-47頁。

（9）北神正行「学校管理職の資格要件と養成プログラムの開発に関する研究（Ⅰ）―校長免許状制度の成立過程の分析を中心に―」『岡山大学教育学部研究集録』第122巻、2003、123-131頁。

（10）広田照幸編『歴史としての日教組』上巻「結成と模索」名古屋大学出版会、2020。徳久恭子「占領期における日教組の法的地位の変遷」立命館大学政策科学会編『政策科学』第22巻第3号、2015、145-172。

（11）布村育子「日本教職員組合における全面講和論の選択―中央執行委員会内の議論に注目して―」日本教育学会編『教育学研究』第87巻第3号、2020、329-341頁。

(12) 高木加奈絵「教特法制定に対する日本教職員組合の影響力」『日本教育政策学会年報』第27号、2020、140-153。

(13) 日本教職員組合「教育職員免許状制度に対する要望書」『日教組運動資料』。

(14) 日本教職員組合法制部「㊙教育職員免許法立案骨子（一）」『日教組運動資料』。

(15) 日本教職員組合法制部「㊙教育職員免許法立案骨子（二）」（昭和23年10月13日発行）『日教組運動資料』。

(16) 日本教職員組合「第12回中央委員会以降主要なる行動記録（９月13日全国代表者会議提出)」『日教組運動資料』。

(17) 『第五回国会衆議院文部委員会議録』第16号、8頁（国立国会図書館所蔵）。

(18) 同上、8頁。

(19) 前掲『第五回国会衆議院文部委員会議録』第18号、5-6頁。また、５月16日の本会議において、日本社会党の松本七郎も同様の懸念を示している（前掲『第五回国会衆議院会議録』第30号、652頁）。

(20) 『第五回国会参議院文部委員会会議録』第14号、1-3頁。

(21) 同上、3-6頁。特に、江口は戦前・戦中の校長のように「使用者の利益を代表するところの行政権の一部を付託されたもの」であってはならないと主張した。

(22) 前掲『第五回国会参議院文部委員会会議録』第15号、1-2頁。

(23) 『第五回国会参議院会議録』第31号、698頁。

(24) 日本教職員組合法制部「法律闘争経過（法制部別府大会報告）1949.2.3-5」『日教組運動資料』4-5頁。

(25) 日本教職員組合「教育職員免許法同施行法第７条に基づく講習に関する件」『日教組運動資料』。具体的方法については、①教育委員会に施設拡充等の必要措置を講じさせること、②受講者は希望者のみとして定員超過の場合には抽選とすること、③講習課程は民主的方法により決定すること、④受講者の負担軽減を図ること、⑤受講者の勤務校に補助教員を加配すること、⑥通信教育機関を設置するよう大学に申し入れること、⑦所要経費は至急予算化すること、⑧選考委員会に教職員組合の代表を入れること等が示された。

(26) 埼玉県教職員組合「埼玉教育」『埼玉県教職員組合機関紙』第19号（昭和24年10月10日発行）、埼玉県教職員組合、1949、2頁（埼玉県立熊谷図書館所蔵)

(27) 同上、第40号（昭和25年６月５日発行）、1950、1頁。特に、認定講習企画審議会では、①講習該当者・受講希望会場を精査して３日で１単位を付与すること、②講師の枠を中・高教員にまで拡充すること、③年間講習計画を立案すること、④単位認定をすみやかに実施すること、⑤再教育講習・研究集会・各研究行事その他の現職教育にも単位を付与すること等の処理が求められた。

(28) 同上、第42・43合併号（昭和25年７月５日発行）、1950、1頁。

(29) 4月14日付で大学学術局長から各国立大学に発出された通牒（文大教第333号）によれば、受講者100名につき約4万円程度の支払委任額で現職教育講座の実施が依頼されていた。また、4月26日に文部省は全国の国立大学および都道府県教育委員会事務局指導課の担当者を東京学芸大学に招致し、認定講習の理念から具体的内容、単位の認定基準に至るまで指示を与えたとされる（広島県教職員組合『広島教育』第23号，広島県教職員組合事業，1950（広島県立図書館所蔵））。

(30) 日本教職員組合編『日教組十年史1947-1957』日本教職員組合、1958、148頁（国立教育政策研究所所蔵『戦後教育資料』V-91）。

(31) 千葉県教職員組合「週刊房総教育　THE BOSO-KYOIKU」第158号（昭和25年7月17日発行）、千葉県教職員組合、1950（千葉県立中央図書館所蔵）

(32) 日本教職員組合「教育職員免許法同施行法実施に伴う省・政令闘争に関する中間報告」『日教組運動資料』。このことについて、8月9日には高瀬荘太郎文部大臣に「教育職員免許法同施行法実施に伴う省令・政令に関する件」を申し入れており、今後の認定講習について、①講習会場は各郡市に1ヶ所以上設けること、②受講者の負担軽減を図ること、③講習課程・講師は民主的方法により決定すること等を要求した（日本教職員組合「今後における認定講習要項」『日教組運動資料』）。

(33) 槙枝元文『槙枝元文回想録—教育・労働運動に生きて—』アドバンテージサーバー、2008、92-96頁。そもそも、CIE教育課長のルーミス（元カリフォルニア大学教授）は出身地のカリフォルニア州の教員免許制度を日本に移入したとされる。

(34) 日本教職員組合「教育職員免許法日教組改正要項案」『日教組運動資料』。また、大学の養成課程で取得する場合、教育職員または官公庁もしくは私立学校における教育事務に関する職員としての在職年数のうち、2年以上の教員としての在職年数を含むことが提案された。一方、現職教育によって取得する場合は、基礎資格として教諭の職にあることのできる者を含み、勤務経験については大学の教員を含むことが提案された。

(35) 日本教職員組合「教育職員免許法改正に関する懇請書1950・10・26」『日教組運動資料』2頁。

(36) 日本教職員組合法制部「（参考資料）一九五一年十一月末日　各種法案闘争の諸目標（附・教育制度の改革に関する答申）」『日教組運動資料』6頁。

(37) 日本教職員組合法制部「昭和二十九年一月三十一日　法案研究会資料」『日教組運動資料』40頁。

(38) 日本教職員組合法制部「（資料）一九五二・一一・二六　免許法闘争に関する件」『日教組運動資料』2頁。

(39) 日本教職員組合法制部「一九五三年一月　教員免許法（案）　教員免許法施行法（案）」（教発328号：整理408）『日教組運動資料』3頁。

(40) 日本教職員組合法制部「一九五三年二月　教育職員免許法（改正案）　教

育職員免許法施行法（改正案）」『日教組運動資料』3頁。
(41) 『第十六回国会衆議院文部委員会議録』第10号、1頁。
(42) 同上、1-2頁。
(43) また、辻原は「免許状をもらうために研修をやるのではない」ことを強調した上で、教員「みずからが研鑽」した結果として上級免許状を与えることが望ましいとした（同上、3-4頁）。
(44) 同上、5頁。
(45) 『第十六回国会衆議院会議録』第22号、335-336頁。
(46) 『第十六回国会参議院文部委員会会議録』第12号、4頁。
(47) 同上、4頁。なお、この懸念に対する回答については、審議の途中で速記を中止するよう要請があったため、詳細については不明である。
(48) 同上、4頁。
(49) 同上、4-5頁。
(50) 『第十六回国会参議院会議録』第27号、423-424頁。
(51) 『第十九回国会衆議院文部委員会議録』第32号、2-3頁。
(52) 同上、3頁。
(53) 『第十九回国会衆議院会議録』第54号、954頁。
(54) 『第十九回国会参議院文部委員会会議録』第36号、9頁。
(55) 『第十九回国会参議院会議録』第52号、1141頁。
(56) 青森県教職員組合教文部編『第一回　青森県教育研究大会の記録　1951.10』青森県教職員組合教文部、1952、7-10頁（青森県立図書館所蔵）。その後、第2回大会（高知市）では「教職員の職場生活における障害の実態とその対策」が、第3回大会（静岡市）では「学校、家庭、社会における教職員の生活実態と民主的なあり方（PTAの批判的検討を含む）」が、第4回大会（長野市）では「父母と教師、青年と教師の結合を強めるための教育活動と教育制度に関する問題」が、第5回大会（松山市）では「職場の民主化は如何に実践されたか」が研究主題として設定された。
(57) 埼玉県教職員組合本部教文部編『第一回　教育研究大会発表集録　1951』埼玉県教職員組合本部教文部、1952、序（埼玉県立熊谷図書館所蔵）。
(58) 青森県教職員組合教文部編『第一回　青森県教育研究大会の記録　1951.10』青森県教職員組合教文部、1952、59-76頁（青森県立図書館所蔵）。青森市地区教職員組合編『昭和廿八年版　第三回　青森市教育研究大会集録（昭和廿八年十月三日　青森市立橋本小学校）』青森市地区教職員組合、1954、6-14頁（青森県立図書館所蔵）。岩手県教員組合情報宣伝部「岩教情報」第209号（昭和30年1月26日発行）、岩手県教員組合、1954、1-6頁（盛岡市立図書館所蔵）。岩手県教員組合編『岩手の教育　1955』「第8次教育研究集会報告書」岩手県教員組合、1955、186-195頁（盛岡市立図書館所蔵）。秋田県教職員組合編『全県教育研究大会報告書　1951.10』秋田県教職員組合、1952、51-89頁（秋田県立図書館所蔵）。秋田県教職員組合編『秋田県教育研究推進の記

録』「第3次教育研究報告書」第1分冊、秋田県教職員組合、1953、23-46頁（秋田県立図書館所蔵）。山形県教員組合文教部編『文教山形』「第二回山形県教育研究大会特集号」山形県教員組合、1952、Ⅱ章1-18（山形県立図書館所蔵）。

(59) 山形県教員組合文教部編、前掲書、1952、Ⅱ章1-11頁。

(60) 秋田県教職員組合編、前掲書、22-23頁。

(61) 日本教職員組合法制部「（法制資料その二）新教委法施行に伴う教育現場の諸問題」『日教組運動資料』21頁。その他にも、千葉市教員組合が校長を含めた組合として君津地方校長組合を発足させた特殊な事例もみられた（千葉県教職員組合情宣部編『教育復興への道』千葉県教職員組合情宣部、1950、4頁（千葉県立中央図書館所蔵））。

（岐阜大学教職大学院・公教育計画学会会員）

統計資料と課題

統計資料と解題

非正規教職員の実態とその考察（6）
——2019年度文部科学省教職員実数調から実態を考察する

武波　謙三

はじめに

　2020年12月25日に発表された総務省統計局労働力調査（基本集計）2020年（令和2年）11月分によれば、役員を除く雇用者数5,671万人のうち、非正規職員は2,124万人で労働者の37.5％と前年を0.8ポイント下回るものの3人に1人以上の割合で非正規職員が占めている。非正規職員は男性雇用者3,013万人のうち678万人22.5％（2019年23.1％）と前年から0.6％減少している。女性雇用者2,657万人のうち1,446万人54.4％（2019年55.6％）で1.2％減少しているが、非正規職員全体に占める女性の割合は68.1％（2019年67.8％）と前年より0.3％増加しており非正規職員の2/3が女性である状況に変化はみられない[1]。

　2020年1月に国内感染が確認された新型コロナウイルス感染症による影響は、3月小中学校等の全国一斉臨時休業通知、4月に7都府県に対する緊急事態宣言発令と広がり、国民生活や経済活動へ大きく制限を強いるものとなった。休業要請や出社制限、会食制限などによる経済活動への影響は雇い止めなど解雇等につながり、厚生労働省発表による解雇等見込み労働者数は11月には7万人を超え非正規職員は半数にも達している[2]。先行きは見えない。

　自治労が先に行った全国自治体職員の労働条件等調査結果速報では非正規職員が2016年の前回調査に比べ6.2ポイント増加し38.9％になったと公表した。従来からの公務職場における非正規職員の処遇改善も喫緊の課題である。

　2020年4月から会計年度任用職員制度が導入されたが、教育では対象となる短時間勤務の非常勤講師の処遇に大きな変化はみられない。

　教育行政研究所は教職員定数における本務者や臨時的任用、非常勤講師など非正規教職員の実態調査のため、自治労学校事務協議会がおこなった文部科学省への情報開示請求をもとに集計、分析した。

　分析の結果、非正規教職員配置の常態化の実態、とくに義務制学校の本務者減少と非正規教職員の増加が進んでいることがわかる。

1．非正規教員とは

「非正規教員」を、「臨時的任用」（①「産休代替等」（産前・産後休暇や育児休業、病気休暇、一般休職など休暇や休業を補う代替者として臨時的に任用される教員）、②「欠員補充」（正式採用者が不足のため欠員として臨時的に任用される者））と「非常勤講師」に区別する。

非正規教員が拡大してきた背景には、第 7 次教職員定数改善計画（2001〜2005年）以降、定数改善計画が策定されていないこと、また、「義務教育諸学校の学級編制及び教職員定数の標準に関する法律（以下、「義務標準法」という）」第 7 条を改正し、第17条第 1 項で再任用短時間勤務職員、第 2 項で教諭等の定数を非常勤講師に換算することを可能としたことが大きく影響している。

2．教職員実数調における義務制学校の非正規教員の実態
——都道府県義務制の非正規割合は、前年と同程度の18.14％程度か

文部科学省は、2018年度教職員定数実数調の調査項目から「公立義務教育諸学校非常勤講師数調」を除外した。これにより、国庫負担のない都道府県費非常勤講師数と市町村単独実施分の市町村費非常勤講師数を把握することが不可能となった。統計調査の改悪である。

経年比較を行うため2018年度以降は、都道府県費非常勤講師（負担無）と市町村費非常勤講師（単独市町村費）を2017年度程度の仮定値に置き換えて分析を試みた。2019年度は都道府県費非常勤講師（仮定値8,500人）、市町村費非常勤講師（仮定値13,500人）とした。

【都道府県】

公立小・中学校教職員実数調（2019（平成31）年 5 月 1 日現在）（以下、「教職員実数調」という。）[3] によると、小中学校教員の実配置数は、正規職員461,199人、臨時的任用58,183人、非常勤講師22,865人（県費（国庫負担））、再任用短時間勤務3,910人の合計546,157人（2018年545,596人）となっている。これには国庫負担のない都道府県費と市町村費の非常勤講師数は除外されている。

経年比較のため、非常勤講師数に都道府県費（負担無）8,500人、市町村費（単独）13,500人と仮定して数値比較をすると、非常勤講師数は44,865人、全体の合計数は、568,157人となる。（2018年568,596人）《別表 1》

正規職員の内訳は、本務者447,970人（全体568,157人に対して78.85％）再任用13,229人（同2.33％）である。本務者数割合は2014年81.95％、2015年

81.29％、2016年80.89％と減少し、2017年に79.88％と80％を下回り、2018年79.30％、2019年78.85％と更に低下したものと思われる。

　再任用者数割合は2014年0.75％、2015年0.98％、2016年1.27％、2017年1.54％、2018年1.91％、2019年に2.33％と２％を大きく上回っている。本務者数の減少を再任用者数が補うかたちで正規職員の割合がようやく81％程度を維持している。

《別表１》義務制教員配置割合

年度	正規職員				臨時的任用				非常勤講師						その他		合計数
	本務者	割合	再任用	割合	欠員補充等	割合	産休育休代替	割合	県費(単時)	割合	県費(週20)	割合	市町村費他	割合	市町村費他M	割合	
2014	569,642	81.95%	5,199	0.75%	43,014	6.19%	20,388	2.93%	24,253	3.49%	8,110	1.17%	21,363	3.07%	3,155	0.45%	695,124
2015	565,970	81.29%	6,854	0.98%	44,050	6.33%	22,122	3.18%	24,246	3.48%	9,948	1.43%	19,768	2.84%	3,292	0.47%	696,250
2016	561,694	80.89%	8,807	1.27%	43,412	6.25%	23,404	3.37%	23,677	3.41%	9,693	1.40%	20,078	2.89%	3,620	0.52%	694,375
2017	456,043	79.88%	8,790	1.54%	37,043	6.49%	19,380	3.39%	21,323	3.73%	9,660	1.69%	15,536	2.72%	3,140	0.55%	570,915
2018	450,918	79.30%	10,874	1.91%	38,085	6.70%	19,792	3.48%	22,405	3.94%	9,000	1.58%	14,000	2.46%	3,522	0.62%	568,596
2019	447,970	78.85%	13,229	2.33%	38,158	6.72%	20,025	3.52%	22,865	4.02%	8,500	1.50%	13,500	2.38%	3,910	0.69%	568,157

正規職員配置割合

年度	正規(本務者＋再任用)	割合	非正規(臨時＋非常勤)	割合	その他(市町村費他M)	割合
2014	574,841	82.70%	117,128	16.85%	3,155	0.45%
2015	572,824	82.27%	120,134	17.25%	3,292	0.47%
2016	570,501	82.16%	120,254	17.32%	3,620	0.52%
2017	464,833	81.42%	102,942	18.03%	3,140	0.55%
2018	461,792	81.22%	103,282	18.16%	3,522	0.62%
2019	461,199	81.17%	103,048	18.14%	3,910	0.69%

政令市課程制教員配置割合

年度	正規職員				臨時的任用				非常勤講師				その他		合計数
	本務者	割合	再任用	割合	欠員補充等	割合	産休育休代替	割合	県費(単時)	割合	市費(単時)	割合	市町村費他M	割合	
2017	100,850	79.62%	2,813	2.22%	8,324	6.57%	4,803	3.79%	4,552	3.59%	4,456	3.52%	868	0.69%	126,686
2018	100,689	79.30%	3,307	2.60%	8,381	6.60%	5,035	3.97%	4,610	3.63%	4,000	3.15%	945	0.74%	126,967
2019	100,831	79.40%	3,884	3.06%	8,353	6.58%	5,189	4.09%	4,241	3.34%	3,500	2.76%	990	0.78%	126,988

正規職員配置割合

年度	正規(本務者＋再任用)	割合	非正規(臨時＋非常勤)	割合	その他(市町村費他M)	割合
2017	103,663	81.84%	22,135	17.48%	868	0.69%
2018	103,996	81.91%	22,026	17.35%	945	0.74%
2019	104,715	82.46%	21,283	16.76%	990	0.78%

政令市高等学校教員配置割合

年度	正規職員				臨時的任用				非常勤講師		その他		合計数
	本務者	割合	再任用	割合	欠員補充等	割合	産休育休代替	割合	県費(単時)	割合	市町村費他M	割合	
2017	5,712	68.83%	324	3.90%	808	9.74%	98	1.18%	1,259	15.17%	98	1.18%	8,299
2018	5,755	68.38%	350	4.16%	797	9.47%	92	1.09%	1,336	15.87%	86	1.02%	8,416
2019	5,532	67.82%	427	5.23%	876	10.74%	91	1.12%	1,167	14.31%	64	0.78%	8,157

正規職員配置割合

年度	正規(本務者＋再任用)	割合	非正規(臨時＋非常勤)	割合	その他(市町村費他M)	割合
2017	6,036	72.73%	2,165	26.09%	98	1.18%
2018	6,105	72.54%	2,225	26.44%	86	1.02%
2019	5,959	73.05%	2,134	26.16%	64	0.78%

高校教員配置割合

年度	正規職員				臨時的任用				非常勤講師		その他		合計数
	本務者	割合	再任用	割合	欠員補充等	割合	産休育休代替	割合	県費(単時)	割合	市町村費他M	割合	
2014	161,744	74.67%	3,714	1.71%	14,902	6.88%	2,767	1.28%	29,218	13.49%	4,262	1.97%	216,607
2015	159,638	74.42%	4,461	2.08%	14,186	6.61%	2,828	1.32%	28,990	13.51%	4,409	2.06%	214,512
2016	158,815	73.83%	6,003	2.79%	13,691	6.37%	2,926	1.36%	29,236	13.59%	4,427	2.06%	215,098
2017	151,271	73.46%	7,200	3.50%	12,206	5.93%	2,830	1.37%	28,269	13.73%	4,152	2.02%	205,928
2018	148,654	72.95%	7,432	3.65%	13,126	6.44%	2,833	1.39%	27,664	13.58%	4,075	2.00%	203,784
2019	146,443	72.49%	8,431	4.17%	12,726	6.30%	2,804	1.39%	27,701	13.71%	3,905	1.93%	202,010

正規職員配置割合

年度	正規(本務者＋再任用)	割合	非正規(臨時＋非常勤)	割合	その他(市町村費他M)	割合
2014	165,458	76.39%	46,887	21.65%	4,262	1.97%
2015	164,099	76.50%	46,004	21.45%	4,409	2.06%
2016	164,818	76.62%	45,853	21.32%	4,427	2.06%
2017	158,471	76.95%	43,305	21.03%	4,152	2.02%
2018	156,086	76.59%	43,623	21.41%	4,075	2.00%
2019	154,874	76.67%	43,231	21.40%	3,905	1.93%

　非正規教員は、臨時的任用が58,183人（同10.24％）（前年10.18％）で、内訳は「欠員補充」として38,158人（同6.72％）（前年6.70％）、「産休代替等」が20,025人（同3.52％）（前年3.48％）となっており、「欠員補充」、「産休代替等」とも微増している。

　臨時的任用の割合は、2014年9.12％、2015年9.51％、2016年9.62％、2017年9.88％、2018年10.18％、2019年10.24％と増加している。

　非常勤講師（実数）は仮の数値であるが。44,865人で全体に占める割合は7.90％（前年7.99％）、県費と市町村費に区別される。県費負担は国庫負担22,865人（同4.02％）（前年3.94％）と国庫負担無8,500人（仮定）（同1.50％）（前年1.58％）に分かれ、市町村費は13,500人（仮定）（同2.38％）（前年2.46％）にのぼる。

　その他に再任用短時間勤務職員が3,910人（同0.69％）（前年0.62％）となっており再任用（フルタイム）と同様に微増傾向にある。

　こうした臨時的任用と非常勤講師を合計した非正規教員の人数は103,048人（18.14％）、調査開始以降増加しつづけ2017年度に18％台に達し拡大の傾向を示している。（2018年18.16％、2017年18.03％、2016年17.32％、2015年17.25％）

　正規職員（本務者と再任用）割合が90％を割るのは、沖縄（84.4％）奈良（85.3％）宮崎（88.2％）三重（88.2％）福岡（88.7％）鹿児島（88.8％）京都（89.2％）福島（89.2％）長野（89.2％）埼玉（89.3％）大阪（89.3％）神奈川（89.7％）で、前年と同数の12自治体となっている。

　欠員補充も沖縄15.6％（1,483人）奈良14.7％（1,011人）宮崎11.8％（776人）三重11.8％（1,156人）福岡11.3％（1,679人）鹿児島11.2％（1,235人）など多数となっている。《別表2》

【政令市】
　教職員実数調によると、政令市の義務制小中学校教員の実配置数は正規職員104,715人（本務者100,831人、再任用3,884人）、臨時的任用13,542人、非常勤講師（国庫）4,241人、再任用短時間勤務990人の合計123,488人となっている。政令市でも国庫負担のない市費非常勤講師数が除外されているので、市費単独の非常勤講師数を3,500名と仮定した場合、次のように推測される。本務者100,831人（全体数126,988人に対し79.40％）、再任用3,884人（同3.06％）となり、本務者と再任用を合わせた正規職員の割合は増加している。

　臨時的任用は、「欠員補充」として8,353人（同6.58％、前年6.60％）「産休代替等」が5,189人（同4.09％、前年3.97％）で合計10.66％（前年10.57％）となっている。

（1）義務制学校の臨時的任用教員の状況

　臨時的任用には、定数内本務者の欠員を補充する「欠員補充」、産前産後休暇や育児休業の代替の「産休代替」「育休代替」などがある。欠員を「教諭」で配置するか「助教諭」又は「講師」で配置するか、産休や育休で休業に入る教諭の後補充を「教諭」で配置するか、「助教諭」又は「講師」で配置する

《別表２》義務制教員等定数小中計　（2019年5月1日）

番号	総数	定数内	定数内充足率	本務者	本務者率	正規数	正規率	割合	欠員補充率	欠員補充	講師等	講師等率	合計	特別支援教員
47	9,998	9,518	95.2%	7,945	83.5%	8,035	84.4%	80.4%	15.6%	331	1,814	18.1%	99	49
29	7,265	6,871	94.6%	5,709	83.1%	5,860	85.3%	80.7%	14.7%	334	1,345	18.5%	213	3
45	6,837	6,592	96.4%	5,684	85.9%	5,816	88.2%	82.8%	11.8%	146	922	13.5%	180	21
24	10,471	9,828	93.9%	8,512	86.6%	8,672	88.2%	85.3%	11.8%	463	1,619	15.3%	1,000	201
40	15,437	14,854	96.2%	12,659	85.2%	13,175	88.7%	85.1%	11.3%	396	2,077	13.5%	387	111
46	11,517	11,006	95.8%	11,006	85.7%	9,801	88.8%	85.1%	11.2%	248	1,483	13.5%	159	12
26	6,912	6,364	92.1%	5,548	87.2%	5,674	89.2%	82.1%	10.8%	386	1,076	15.6%	566	6
7	10,954	10,655	97.3%	9,215	86.5%	9,505	89.2%	86.8%	10.8%	189	1,339	12.2%	230	45
20	11,696	11,123	95.1%	9,414	84.6%	9,923	89.3%	84.8%	10.8%	363	1,563	13.4%	271	127
11	26,830	25,440	93.9%	21,564	84.8%	22,719	89.3%	84.7%	10.7%	1,149	3,870	14.4%	315	128
27	26,959	25,308	93.9%	21,760	86.0%	22,603	89.3%	83.8%	10.7%	1,397	4,102	15.2%	1,211	228
14	14,554	13,921	95.7%	11,925	85.7%	12,490	89.7%	85.8%	10.3%	505	1,936	13.3%	655	56
31	3,782	3,630	90.0%	3,229	89.0%	3,270	90.1%	90.5%	9.9%	89	449	11.9%	143	3
43	5,939	5,554	94.9%	4,844	87.2%	5,013	90.3%	90.5%	9.7%	298	839	14.1%	432	3
33	7,178	6,815	94.9%	6,016	88.3%	6,175	90.6%	88.5%	9.4%	179	819	11.4%	71	16
44	5,019	4,815	95.9%	4,235	88.3%	4,364	90.8%	86.9%	9.4%	120	571	11.4%	205	243
5	20,885	19,632	93.6%	17,292	88.1%	17,808	90.7%	84.9%	9.3%	1,102	2,926	13.9%	702	24
8	7,536	7,255	96.3%	6,432	88.7%	6,628	91.4%	88.0%	8.6%	172	799	11.0%	172	132
10	10,718	10,208	95.2%	9,106	89.2%	9,344	91.5%	87.2%	8.5%	431	1,295	12.1%	225	7
41	6,701	6,468	96.4%	5,718	88.5%	5,913	91.6%	88.2%	8.4%	160	705	11.1%	670	31
23	5,329	5,112	95.9%	4,562	90.8%	4,687	91.7%	91.1%	8.3%	165	590	11.0%	165	792
25	27,466	25,470	92.7%	23,115	89.7%	23,367	91.8%	85.1%	8.2%	1,786	3,889	14.2%	57	14
2	8,463	7,946	93.1%	7,126	89.7%	7,291	92.0%	85.6%	8.0%	466	1,121	13.2%	171	48
39	4,781	4,450	93.1%	3,945	88.7%	4,094	92.3%	88.7%	7.7%	137	493	10.3%	949	112
36	7,579	7,377	97.3%	6,605	89.5%	6,800	93.7%	87.1%	7.6%	127	704	10.7%	584	23
22	4,702	4,468	95.0%	4,235	91.8%	4,126	92.5%	89.3%	7.1%	161	503	11.9%	9	21
34	7,739	7,309	94.4%	6,556	80.7%	6,755	92.4%	87.3%	7.1%	366	920	8.7%	47	78
9	9,011	8,478	96.6%	7,590	89.5%	7,874	92.9%	88.9%	6.9%	392	996	8.0%	66	73
37	6,239	6,025	95.5%	5,484	91.0%	5,609	93.1%	87.8%	6.8%	126	542	8.0%	683	77
3	5,536	5,216	97.3%	4,750	91.1%	4,861	93.2%	90.7%	6.8%	257	612	10.3%	790	52
6	7,660	7,450	97.3%	6,797	92.1%	6,944	93.4%	88.5%	6.3%	283	647	10.6%	183	315
35	10,959	10,442	93.5%	9,615	92.1%	9,752	93.7%	89.3%	6.3%	531	1,200	9.8%	249	22
19	5,783	5,783	94.4%	5,263	91.0%	5,419	93.7%	93.8%	6.2%	244	467	9.9%	103	176
21	11,256	10,716	95.0%	9,874	92.1%	10,048	93.9%	94.2%	6.1%	192	718	9.2%	294	20
42	4,776	4,559	95.0%	4,194	92.4%	4,264	94.2%	95.3%	5.8%	1,017	2,345	5.7%	71	72
16	24,204	22,982	94.5%	20,856	90.7%	21,654	95.5%	92.9%	4.7%	529	1,026	9.2%	848	36
18	11,132	10,515	97.3%	6,988	92.6%	10,018	97.3%	90.0%	4.5%	114	478	5.7%	291	52
15	8,390	8,162	93.3%	7,662	93.9%	7,798	97.3%	94.2%	3.6%	215	439	7.4%	215	102
38	5,616	5,240	94.9%	4,935	94.3%	5,016	99.3%	91.4%	3.6%	176	345	7.1%	332	288
1	4,883	4,632		4,431	95.7%	4,463			3.6%	270	587		527	
13	9,187	8,823		8,358	94.7%	8,506			2.8%	228	437		199	
	7,687	7,387		6,988	94.6%	7,178			2.3%	531	1,119		235	
	22,602	21,765		20,736	95.3%	21,177			0.7%	2,178	2,479		3	
	48,726	45,934	94.9%	44,025		45,633			7.6%					
計	525,943	490,357	94.9%	447,970	89.7%	461,199				20,025	58,183		22,865	3,910

本任用計―461,199

かは、都道府県教育委員会の判断によっている。

「講師」は教員免許状保有者であるが、雇用期間は原則1年間であり、また、「助教諭」は、原則3年間の有効期間の臨時免許状を有することを要件としているが、雇用期間も限定され、講師と同様に不安定な状態である。

2019年度教職員実数調（義務制）による政令市を除く都道府県の教諭、助教諭・講師は、教諭394,258人、助教諭・講師38,043人の合計432,301人。教諭の内数として「育児休業者」は15,179人となっている。育児休業代替14,726人、欠員補充35,968人で臨時的任用は50,694人、教諭、助教諭、講師の合計の11.73%（2018年11.67%、2017年11.3%、2016年11%）となり増加している。

政令市における教諭、助教諭・講師の総数は、教諭91,413人、助教諭・講師7,918人の合計99,331。教諭の内数として「育児休業者」は3,881人となっている。育児休業代替3,824人、欠員補充7,905人で臨時的任用は11,729人、総数の11.80%（前年11.75%）となっている。

（2）教職員実数調（義務制）における代替教員の任用状況
ア）「育児休業」代替教員の任用状況
【都道府県】

教職員実数調（義務制）では、47都道府県における15,179人の「教諭」の育児休業に対して、多くの自治体が「講師」の採用で対応している。

育児休業代替を「教諭」としている自治体は群馬・東京・鳥取の3都県、「教諭」「助教諭」「講師」併用は埼玉・山梨・山口の3県、「教諭」「助教諭」併用は北海道・広島・沖縄の3道県、「教諭」「講師」併用は神奈川・愛知・京都・兵庫の4府県。「助教諭」「講師」併用は山形・栃木・新潟・愛媛・福岡の5県。「助教諭」のみは徳島。28府県は「講師」に限定している。

育児休業代替の総数14,726人、その内訳は「教諭」5,290人（35.9%、前年36.6%）、「助教諭」487人（3.3%、前年3.1%）、「講師」8,949人（60.7%、前年60.3%）と「講師」が育児休業代替者の60%超となっている。「講師」に「助教諭」を加えた割合は64.0%と2018年に対して0.6%伸びている。（2018年63.4%，2017年63.1%、2016年61.7%、2015年61.2%）《別表3》
【政令市】

育児休業代替を「教諭」とするのは札幌市・川崎市・横浜市・相模原市の4市、「教諭」「助教諭」「講師」併用はさいたま市、「教諭」「助教諭」併用は広島市、「教諭」「講師」併用は仙台市・名古屋市・京都市・神戸市の4市、「助教諭」「講師」併用は新潟市。残る9市は「講師」としている　。

　育児休業代替の総数3,824人、内訳は「教諭」1,762人（46.0％、前年44.7％）、「助教諭」83人（2.2％、前年1.6％）、「講師」1,979人（51.7％、前年53.7％）と都道府県より「教諭」の割合が高い。《別表4》

《別表3》臨時的任用教員等の代替者の職名　（令和元年5月1日）

| | 臨時的又は期限付任用 | | | | | | | | | | | | | | | | | | | | | 学栄 |
| | 教諭 | | | | 助教諭 | | | 講師 | | | 養護教諭 | | | | 養護助教諭 | | | 栄養教諭 | | | | |
	(総数)	育休	育代	欠補	(総数)	育代	欠補	(総数)	育代	欠補	(総数)	育休	育代	欠補	(総数)	育代	欠補	(総数)	育休	育代	欠補	育代
1 北海道	18,091	401	351	516	82	34	33	1			1,267	31	26	33	4	4		302	15	14	6	
2 青森	5,566	87			0			631	83	525	391	15			73	15	52	45	1			1
3 岩手	5,448	73			0			564	73	466	451	2			38	1	35	102	11	2	5	10
4 宮城	5,260	146			0			747	123	593	379	11			44	11	30	75	4	4	4	
5 秋田	3,916	20			0			477	20	447	284	6			37	6	30	74	2	1	4	1
6 山形	4,623	91			71	14	53	439	77	339	318	2	1		31	1	24	62	4			4
7 福島	7,660	135			0			1,253	130	1,098	579	29			83	29	52	71	1			8
8 茨城	11,117	387			0			1,609	371	1,164	657	39			103	39	55	150	11	6	6	5
9 栃木	8,198	296			208	62	130	820	230	526	493	49			89	49	34	81				9
10 群馬	9,183	320	320	812	0			4			511	31	30	50	4	1	2	71	8			11
11 埼玉	22,034	882	791	2,008	586	52	533	168	33	128	1,191	72	72	51	1		1	196	10			15
12 千葉	18,484	772			0			2,211	769	1,259	1,123	55	55	69	1			237	13			24
13 東京	38,432	1,585	1,580	295	0			0			1,961	116	116	6	0			61	1	1		50
14 神奈川	10,937	542	329	1,364	0			2	1	1	437	40	22	66	0			81	1			6
15 新潟	6,895	193			113	47	80	432	143	249	513	28			42	28	8	131	4			5
16 富山	4,333	159			0			393	148	209	257	24			46	24	15	42				2
17 石川	4,551	204			0			598	201	347	270	21			49	21	17	74	5			7
18 福井	3,722	135			0			321	135	161	252	14			25	14	8	45	5			7
19 山梨	3,776	126	102	236	23	5		85	20	24	266	21	15	14	10	7		59	5	5	1	
20 長野	8,403	296			0			1,464	295	1,134	502	32			101	32	66	138	9			12
21 岐阜	8,336	427			0			1,090	422	596	474	32			110	32	74	121	9			9
22 静岡	8,459	401			0			941	399	470	546	46	46	27	0			99	8			11
23 愛知	22,558	1,377	992	1,067	0			1,347	369	899	1,232	134	133	111	0			271	29	28	26	2
24 三重	7,158	364			0			1,517	362	1,087	444	39			114	39	69	109	13			12
25 滋賀	6,281	353			0			1,049	353	622	381	27	27	31	1		1	59	6	6	1	2
26 京都	4,864	303	52	13	0			920	248	613	278	13	4	1	55	9	41	96	7	5	22	2
27 大阪	19,021	1,019			0			3,828	1,012	2,516	827	73			274	73	189	243	17			14
28 兵庫	14,076	869	103	149	0			2,464	762	1,554	733	66	8	22	166	58	99	215	16			16
29 奈良	5,022	252			0			1,264	251	950	246	17			81	17	61	50	3			3
30 和歌山	4,064	235			0			785	235	506	314	18			56	18	35	37	4			4
31 鳥取	2,878	97	66		0			339		339	173	7	4		21	21		19	2			2
32 島根	3,474	85			0			522	77	429	273	22			52	22	22	53	7			7
33 岡山	5,235	263			0			834	264	514	388	41			85	41	40	100	15			15
34 広島	7,194	311	274	466	142	30	102	8		1	529	26	26	30	0			92			5	3
35 山口	6,322	174	138	346	64	22	41	64	14	46	460	31	29	40	3	2	1	125	12			14
36 徳島	3,266	104			451	103	323	0			232	22			52	22	19	62	1			1
37 香川	4,019	199			0			563	196	341	218	29			49	28	14	75	6			6
38 愛媛	5,909	149			8	5		354	140	179	378	22			53	22	25	117	17	17	5	2
39 高知	3,346	82			0			414	82	306	234	20			62	20	37	79	4	4	11	
40 福岡	10,356	316			499	86	390	1,477	205	1,218	500	25			136	25	71	186	7			7
41 佐賀	3,744	128			0			542	123	398	220	17			48	17	27	55	9			9
42 長崎	6,295	66			0			440	16	348	471	16			39	16	16	102	6			7
43 熊本	5,110	129			0			733	123	574	320	17			87	17	66	79	9			8
44 大分	4,616	124			0			649	118	506	399	14	14	39	0			41	2			3
45 宮崎	4,615	97			0			858	95	743	342	28			64	28	33	89	8			10
46 鹿児島	8,928	183		1,048	47		47	278	181	70	686	29		42	40	28	6	162	4	4	24	
47 沖縄	8,472	220	192	1,229	248	27	212	2			441	27	27	42	0			31	3			14
計	394,258	15,179	5,290	9,547	2,542	487	1,924	35,501	8,949	24,497	23,934	1,496	655	674	2,429	818	1,396	4,867	334	97	120	359

（文科省公立小・中学校教職員実態調査を参考に作成）

《別表４》臨時的任用教員等の代替者の職名 （令和元年5月1日）

		教諭				助教諭			講師			養護教諭				養護助教諭			栄養教諭				学栄
		(総数)	育休	育代	欠補	(総数)	育代	欠補	(総数)	育代	欠補	(総数)	育休	育代	欠補	(総数)	育代	欠補	(総数)	育休	育代	欠補	育代
1	札幌	6,676	162	180	381	0			6		6	332	13	13	10	0			129	4	4	2	
2	仙台	3,958	134	27		0			344	106	193	200	19	5		24	14	9	29	1			
3	さいたま	4,524	187	156	541	135	28	100	45	3	41	221	19	18	20	1	1		58	5			11
4	千葉	3,216	142			0			367	142	197	194	10	13		0			37	5			9
5	川崎	4,544	184	174	249	0			0			188	13	14	11	0			28				6
6	横浜	11,407	512	515	596	0			3			503	39	39	34	0			63	5			16
7	相模原	2,379	122	124	182	0			0			108	7	7	11	0			18				5
8	新潟	2,985	57			22	4	16	213	52	147	136	5			14	5	8	45	2			
9	静岡	2,229	72			0			260	72	167	134	6	6	12	0			13	1			
10	浜松	2,873	123			0			390	123	240	171	10			0			51	5			8
11	名古屋	8,284	448	330	103	0			212	114	64	457	53	53	16	0			116	3	3	9	
12	京都	4,128	185	5	11	0			740	179	504	214	9			51	9	38	83	4	16		
13	大阪	8,335	372			0			1,640	378	1,156	404	23			105	23	77	126	6			
14	堺	2,915	159			0			619	120	455	126	14			51	13	34	43	3			
15	神戸	4,911	323	83	22	0			742	240	447	238	5	4	2	35	10	17	50	2			1
16	岡山	2,474	111			0			522	110	392	128	17			42	17	21	48	5			5
17	広島	4,645	220	168	528	134	51	75	1		1	252	15	15	21	0			58	1	1	3	1
18	北九州	3,087	98			0			511	94	397	188	8			21	7	13	88	11	7		5
19	福岡	4,985	184			0			568	182	328	243	15			23	15	3	96	4			4
20	熊本	2,858	66			0			444	64	366	130	5			3	3	21	44	2			2
	計	91,413	3,881	1,762	2,613	291	83	191	7,827	1,979	5,101	4,597	313	194	165	394	117	241	1,221	69	19	40	74

文科省公立小・中学校教職員実態調査を参考に作成

イ）「欠員補充」の際の教員の任用状況

【都道府県】

欠員補充として「教諭」を配置している自治体は群馬・東京の2都県、「教諭」「助教諭」「講師」併用は埼玉・広島・山口・鹿児島の4県、「教諭」「助教諭」併用は北海道・沖縄の2道県、「教諭」「講師」併用は神奈川・山梨・愛知・京都・兵庫の5府県、「助教諭」「講師」併用は山形・栃木・新潟・福岡の4県、「助教諭」のみは徳島。残る29府県は「講師」としている。欠員補充の総数は35,968人、内訳は、「教諭」9,547人（26.5％、前年27.6％）、「助教諭」1,924人（5.3％、前年5.0％）、「講師」24,497人（68.1％、前年67.4％）で、「講師」に「助教諭」を加えた割合は73.4％と2018年の1％増となっている。（2018年72.4％、2017年72.6％、2016年71.3％、2015年71,7％、2014年68.2％）小学校の担任などにあたっている場合、学級経営に不安は拭えない。《別表3》

【政令市】

欠員補充を「教諭」とするのは川崎市・横浜市・相模原市の3市、「教諭」「助教諭」「講師」併用はさいたま市・広島市の2市、「教諭」「講師」併用は札幌市・名古屋市・京都市・神戸市の4市、「助教諭」「講師」併用は新潟市。

146

10市は「講師」となっている。

　欠員補充の総数は7,905人、内訳は、「教諭」2,613人（33.1%、前年32.0%）、「助教諭」191人（2.4%、前年2.3%）、「講師」5,101人（64.5%、前年65.7%）育児休業と同じく都道府県に比較して「教諭」の割合が高くなっている。

　《別表4》

　ウ）養護教諭、栄養教諭の場合

【都道府県】

　養護教諭の育児休業1,498人に対して、育児休業代替1,473人。内訳は、「養護教諭」655人（44.5%、前年47.4%）、「養護助教諭」818人（55.5%、前年52.6%）となっている。欠員補充については、欠員補充者総数2,070人、内訳は「養護教諭」674人（32.6%、前年33.5%）、「養護助教諭」1,396人（67.4%、前年66.5%）と「育児休業代替」「欠員補充」とも養護助教諭の比率が高くなっている。

　栄養教諭の育児休業334人に対する代替者は、「栄養教諭」97人（29.6%、前年27.6%）、「学校栄養職員」231人（70.4%、前年72.4%）で、学校栄養職員の採用が高い数値となっている。《別表3》

【政令市】

　養護教諭の育児休業313人に対して育児休業代替311人、内訳は、「養護教諭」194人（62.4%、前年70.0%）、「養護助教諭」117人（37.6%、前年30.0%）となっている。欠員補充については、欠員補充者総数406人、内訳は「養護教諭」165人（40.6%、前年47.7%）、「養護助教諭」241人（59.4%、前年52.3%）となっている。栄養教諭の育児休業69人に対する代替者は、「栄養教諭」19人（31.7%、前年47.8%）、「学校栄養職員」41人（68.3%、前年52.2%）で、学校栄養職員での任用が高くなっている。《別表4》

　エ）臨時的任用にみられる傾向

　欠員補充・育児休業代替の場合には、「講師」「養護助教諭」「学校栄養職員」が充てられる傾向が依然として強いことがわかる。教員については、欠員補充・育児休業代替とも「講師」採用が多くの自治体で行われている。

　教員の代替に「講師」を充当する自治体では、養護教諭の代替に「養護助教諭」が充てられ、栄養教諭の育児休業代替には多くの自治体が「学校栄養職員」採用となっている。

　オ）教職員実数調における非常勤講師の任用状況

　都道府県における非常勤講師は都道府県費（県費）と市町村費に、また国庫負担の有無で県費非常勤講師（国庫負担）、県費非常勤講師（国庫負担対象外）、

市町村費非常勤講師（国庫負担対象外）の三種類に大別される。2018年度教職員定数実数調の調査項目から「公立義務教育諸学校非常勤講師数調」が除外され比較が困難となったが、県費非常勤講師（国庫負担）、市費非常勤講師(国庫負担)ともすべての都道府県、政令市で配置されている。2019年度の都道府県における県費非常勤講師（国庫負担）は22,865人、政令市の市費非常勤講師（国庫負担）は4,241人となっている。

　非常勤講師については、一年ごとの任用・安価な報酬という雇用条件のもとで不安定な状況に置かれている状況について大きな改善はない。

3　教職員実数調における高等学校の非正規教員の実態
──非正規率21.40％、2019年度も5人に1人の割合で非正規教員

　公立高等学校課程別・職種別教職員実数調（2019（平成31）年5月1日現在）（以下、「高等学校教職員実数調」という。）[4]によれば、政令市高等学校教員を除く都道府県高等学校教員の構成は次のようになっている。総数202,010人のうち本務者146,443人（72.49％）再任用8,431人（4.17％）合計154,874人（76.67％）、臨時的任用（欠員補充等）15,530人（7.69％）非常勤講師（都道府県費）27,701人（13.71％）の43,231人（21.40％）が非正規教員となる。その他再任用短時間勤務3,915人（1.93％）である。

　2018年度は総数203,784人で本務者148,654人（72.95％）再任用7,432人（3.65％）の156,086人（76.60％）、臨時的任用（欠員補充等）15,959人（7.83％）、非常勤講師（都道府県費）27,664人（13.58％）の43,623人（21.41％）、その他再任用短時間勤務4,075人（2.0％）であった。

　非正規教員のうち、非常勤講師の割合が高く2014年13.49％、2015年13.51％、2016年13.59％、2017年13.73％、2018年13.58％と増加傾向にあり、2019年でも13.71％となっている。臨時的任用を加えた非正規教員割合（臨時・非常勤）は、2018年21.41％（43,623人）から2019年21.40％（43,231人）へと0.01％減少しているが5人に1人の割合となっている。

　《別表1》

　臨時的任用（常勤講師）と非常勤講師を合計した非正規教員の経年比較は次のとおりである。2014年21.65％、2015年21.45％、2016年21.32％、2017年21.03％、2018年21.41％、2019年21.40％である。2014年度以降減少傾向にあったが2018年に増加に転じた。

　正規職員（本務者と再任用）が90％を割るのは12県で2018年から4県減少している。福岡（85.4％）宮崎（86.5％）奈良（86.9％）栃木（87.5％）青森

148

（87.8%）　鳥取（87.8%）島根（88.0%）沖縄（88.0%）神奈川（88.4%）熊本（88.9%）兵庫（89.2%）福島（89.5%）である。これを補う臨時的任用は。福岡（14.6%）宮崎（13.5%）奈良（13.1%）栃木（12.5%）青森（12.2%）鳥取（12.2%）島根（12.0%）沖縄（12.0%）など高い数値となっている。《別表5》

《別表5》高校教員等定数計　（2019年5月1日）

都道府県	標準定員数	条例定数	配置割合	本務者数	本務者割合	再任用数	再任用割合	正規計	割合	正規・養護割合	定数過充足数	次規計割合	全日	臨任計	臨任割合	休職者割合	非常勤講師県費	兼任扱
40 香川	5,451	5,271	96.7%	4,154	78.8%	349	6.6%	4,903	85.4%	82.6%	768	14.0%	53	821	15.1%	2.3%	675	73
45 岡山	2,108	2,065	98.0%	1,690	81.5%	97	4.7%	1,787	86.5%	84.8%	278	13.5%	20	298	14.1%	1.1%	179	
29 奈良	1,936	1,873	96.7%	1,490	79.6%	138		1,628	84.1%	84.1%	245	13.1%	23	268	13.8%	2.1%	217	2
9 栃木	2,972	2,908	97.8%	2,403	82.6%	142	4.9%	2,545	87.5%	85.6%	363	12.5%	48	411	13.8%	0.5%	554	6
2 群馬	2,536	2,491	98.2%	2,051	82.3%	135	5.4%	2,186	87.8%	86.2%	305	12.2%	22	327	12.9%	0.9%	189	
31 鳥取	1,186	1,148	96.8%	979	85.3%	29	2.5%	1,008	87.8%	85.0%	140	12.2%	5	145	12.3%	2.8%	202	17
32 島根	1,542	1,502	97.4%	1,259	83.8%	63	4.2%	1,322	88.0%	85.7%	180	12.0%	20	512	13.0%	1.3%	270	17
47 沖縄	3,665	3,523	96.1%	3,063	86.9%	39	1.1%	3,102	88.0%	84.6%	421	12.0%	91	512	14.0%	1.4%	406	
14 神奈川	8,529	8,372	98.2%	6,702	80.1%	695	8.3%	7,397	88.4%	86.7%	975	11.6%	102	1,077	12.6%	0.6%	1,829	384
43 熊本	2,868	2,709	94.5%	2,341	86.4%	66	2.4%	2,407	88.9%	83.9%	302	11.1%	84	386	13.5%	2.6%	220	
28 兵庫	7,595	7,345	96.7%	6,101	83.1%	450	6.1%	6,551	89.2%	86.3%	794	10.8%	133	927	12.2%	1.3%	854	33
7 福島	3,653	3,576	97.9%	3,146	88.0%	55	1.5%	3,201	89.5%	87.8%	375	10.5%	40	415	11.4%	1.0%	191	
35 山口	2,388	2,340	98.0%	1,923	82.2%	183	7.8%	2,106	90.0%	88.2%	234	10.0%	37	271	11.3%	0.5%	459	
24 三重	2,033	1,964	96.6%	1,727	87.9%	41	2.1%	1,768	90.0%	87.0%	196	10.0%	19	215	10.6%	2.5%	138	47
41 佐賀	3,079	2,973	96.6%	2,551	85.8%	130	4.4%	2,681	90.2%	87.1%	292	9.8%	69	361	10.6%	1.2%	922	92
46 鹿児島	1,789	1,763	98.5%	1,522	86.3%	68	3.9%	1,590	90.2%	88.9%	173	9.8%		177	9.9%	1.2%	215	
3 岩手	3,360	3,073	91.3%	2,702	87.9%	78	2.5%	2,780	90.5%	82.7%	293	9.5%	51	344	10.2%	7.0%	406	5
44 大分	2,729	2,660	97.5%	2,287	86.0%	121	4.5%	2,408	90.5%	88.2%	252	9.5%	38	290	10.5%	1.1%	142	
21 岐阜	2,142	2,099	98.0%	1,803	85.9%	102	4.9%	1,905	90.9%	88.8%	184	9.2%	18	212	9.9%	0.9%	179	
30 和歌山	3,677	3,545	96.4%	3,074	86.7%	149	4.2%	3,223	90.9%	87.7%	322	9.1%	100	212	11.5%	0.9%	586	47
8 茨城	1,928	1,831	95.0%	1,577	86.1%	89	4.9%	1,666	91.0%	86.4%	165	9.0%	59	224	10.2%	2.0%	338	
10 群馬	4,727	4,590	97.1%	4,031	87.8%	148	4.9%	4,179	91.0%	88.4%	411	9.0%	71	482	10.2%	1.4%	437	166
19 長野	3,308	3,217	97.2%	2,843	88.4%	94	2.9%	2,937	91.3%	88.8%	280	8.7%	69	349	10.8%	0.7%	430	2
山梨	1,729	1,647	95.3%	1,467	89.1%	37	2.5%	1,504	91.3%	87.0%	143	8.7%	20	163	9.4%	3.6%	201	68
山形	1,583	1,559	98.5%	1,372	88.0%	53	3.4%	1,425	91.4%	90.0%	134	8.6%	21	155	8.8%	0.2%	374	36
5 広島	2,050	1,970	96.1%	1,702	88.4%	105	5.0%	1,807	91.7%	88.1%	163	8.3%	17	180	8.3%	3.1%	221	16
34 埼玉	3,196	3,122	97.7%	2,717	87.0%	157	5.0%	2,874	92.3%	89.9%	248	7.9%	50	298	9.3%	1.6%	706	19
11 大阪	3,553	3,429	96.5%	3,002	87.5%	164	4.8%	3,166	92.3%	89.1%	263	7.7%	67	330	9.3%	1.2%	913	124
25 ○○	8,403	8,173	97.3%	7,009	85.8%	593	7.3%	7,602	93.2%	90.5%	571	7.0%	133	704	8.4%	1.2%	1,196	532
26 京都	8,392	8,156	97.2%	7,068	86.7%	531	6.5%	7,599	93.2%	90.6%	557	6.8%	187	744	8.5%	0.8%	2,120	619
20 長崎	2,371	2,299	97.0%	1,973	86.6%	169	7.4%	2,142	93.2%	90.3%	157	6.8%	44	201	8.5%	1.2%	311	2
17 石川	2,885	2,761	95.4%	2,392	86.5%	182	6.6%	2,574	93.3%	88.9%	187	6.8%	44	231	8.0%	3.1%	485	68
42 滋賀	3,954	3,763	95.0%	3,130	83.2%	382	10.2%	3,512	93.3%	88.8%	251	6.7%	72	323	8.2%	3.0%	318	56
38 徳島	2,047	1,954	95.5%	1,750	89.6%	75	3.8%	1,825	93.6%	89.2%	129	6.6%	32	161	7.9%	3.0%	198	49
36 愛知	2,547	2,433	95.5%	2,184	89.8%	94	3.9%	2,278	93.6%	89.4%	155	6.4%	25	180	7.5%	3.5%	185	
23 新潟	2,455	2,365	96.3%	2,181	91.4%	57	2.3%	2,218	93.8%	90.3%	147	6.2%	44	191	7.8%	2.3%	191	688
37 福井	1,644	1,577	95.9%	1,465	92.9%	15	1.0%	1,480	93.8%	90.0%	97	6.2%	29	126	7.7%		258	49
15 千葉	8,504	8,190	96.3%	7,465	91.1%	260	3.2%	7,725	94.3%	90.8%	465	5.7%	229	694	8.2%	1.0%	2,846	15
18 青森	2,012	1,950	96.9%	1,805	92.6%	39	3.1%	1,844	94.6%	91.8%	106	5.4%	41	128	7.3%	3.3%	183	38
22 ○○	1,742	1,683	96.6%	1,544	91.7%	52	3.1%	1,596	94.8%	90.9%	87	5.2%	41	80	7.3%	1.0%	385	20
東京	3,644	3,487	95.7%	3,227	92.5%	85	2.5%	3,312	95.0%	91.8%	175	5.0%	35	210	5.8%	0.8%	792	261
13 ○○	1,456	1,424	97.8%	1,332	93.5%	36	2.5%	1,368	96.1%	94.0%	56	3.9%	24	80	5.5%	0.5%	205	
4 宮城	4,829	4,704	97.4%	4,325	91.9%	199	4.2%	4,524	96.2%	93.7%	270	3.8%	118	388	5.4%	1.7%	645	
北海道	7,249	7,068	97.4%	6,176	87.1%	642	9.1%	6,818	94.1%	92.2%	199	2.4%	60	259	3.1%		600	71
13 東京	9,875	9,541	96.6%	8,892	93.2%	622		9,514	99.7%	96.3%	27	0.3%	186	259	2.2%	1.5%	2,986	290
4 宮城	3,430	3,352	97.7%	3,245	96.8%	106	3.2%	3,351	100.0%	97.7%	1	0.0%	39	40	1.2%	1.1%	484	5
計	173,100	167,600	96.8%	148,443（154,874）	87.4%	8,431	5.0%	154,874			12,726	7.6%	2,004	15,530			27,701	3,905

（文科省公立小・中学校教職員実数調査を参に作成）

4．教職員実数調から読む事務職員の非正規職員の実態

（1）義務制事務職員定数分析から見える特徴

政令市を除く都道府県の義務標準法上の実行定数は26,450人。実配置数は25,590人で配置割合は96.7％、2018年度を0.4％上回った。

（2018年96.3％、2017年96.0％、2016年96.2％）。本務者数は21,507人で実配置数に占める割合は84.04％と前年度を0.52％下回り減少傾向にある。（2018年84.56％、2017年84.86％、2016年85.5％）

臨時的任用（欠員補充）は2,785人で、実配置数のうち10.88％で依然として10％を上回っている（2018年10.68％、2017年10.75％、2016年10.74％）。10％を上回る自治体は29府県。京都（28.5％）奈良（26.4％）宮崎（23.7％）岩手（23.1％）の4府県では20％以上で4、5人に1人の割合である。これに、熊本（19.8％）神奈川（18.3％）大阪（18.1％）三重（17.7％）福岡（16.6％）岐阜（16.6％）富山（15.8％）と続く。

臨時的任用（欠員補充）が100人を超える自治体は、大阪（200人）兵庫（145人）福岡（129人）岩手（110人）神奈川（108人）北海道（100人）となっている。《別表6》

欠員（実行定数と実配置数との差）を生じている自治体は、40都道府県で860人（2018年978人、2017年1090人、2016年1,242人、2015年1,276人、2,014年1,408人）で前年度より減少している。

本務者と臨時的任用（欠員補充）による充足率では、東京（84.4％）愛媛（85.4％）富山（85.4％）沖縄（86.1％）大分（90.1％）など。依然として低い数値となっている。

ア）共同実施における事務職員配置の状況

義務制学校の事務職員定数は義務標準法第9条により次の基準で算定されている。①4学級以上（1人）②3学級の小中学校数（3/4人）③大規模校複数配置【小27CL,中21CL】（＋1人）④就学援助加配【要準要保護児童生徒数100人以上かつ25％以上】（＋1人）の合計数を基礎定数とするが、実際の配置については各都道府県・政令市教育委員会が合計数の範囲で弾力的に行っている。

また、基礎定数とは別に事務の共同実施加配として1,027人（2018年994人、2017年946人、2016年1,002人）が措置されている。共同実施に積極的な自治体で多くの臨時的任用や欠員状況が見られることは以前から指摘しているところである。

東京は複数配置（都独自基準）や就学援助加配配置基準が崩される中で、

教職員実数調によれば、欠員は323人充足率84.4％（2018年欠員342人83.7％、2017年欠員492人77.6％、2016年欠員572人74.6％）と改善がみられるが、依然として大量の欠員を生じている。東京の共同実施では都費正規事務職員を小中学校から引きあげて拠点校に設置する共同事務室に集め、定数削減をしたうえで事務処理をおこなうというのが基本モデルとなっている。引き上げられた学校には都費非常勤職員（月16日勤務）が配置されているが共同事務室が処理する業務以外の多くが学校に残され業務負担は解消されない。

《別表６》 義務制事務定数／小中計 (2019年 5 月 1 日)

		実行定数 (A)	当年の欠員包括制度含	教職員事務協会による均衡	実配置数 (B)	配置割合 B/A	本務者数 (C)	本務実数比 C/B	兼任兼務 (D)	兼任兼務比 D/B	本務者＋再任用			過不足			充足率
											正規計 (C+D)	正規比/B	正規/A	欠補継続数 (E)	欠補割合 E/B	定欠一覧増 (A)-(B)	
26	京都	337	14	355	340	100.9%	239	70.3%	4	1.2%	243	71.5%	72.1%	97	28.5%	3	100.9%
29	奈良	315	0	318	311	98.7%	220	70.7%	9	2.9%	229	73.6%	72.7%	82	26.4%	△ 4	98.7%
45	宮崎	420	67	418	410	97.6%	285	69.5%	28	6.8%	313	76.3%	74.5%	97	23.7%	△ 10	97.6%
3	岩手	486	28	479	476	97.9%	325	68.3%	41	8.6%	366	76.9%	75.3%	110	23.1%	△ 10	97.9%
43	熊本	420	33	424	410	97.6%	319	77.8%	10	2.4%	329	80.2%	78.3%	81	19.8%	△ 4	97.6%
14	神奈川	584	14	609	590	101.0%	446	75.6%	36	6.1%	482	81.7%	82.5%	108	18.3%	6	101.0%
27	大阪	1,169	33	1,139	1,105	94.5%	826	74.8%	79	7.1%	905	81.9%	77.4%	200	18.1%	△ 64	94.5%
24	三重	536	23	559	537	100.2%	398	74.1%	44	8.2%	442	82.3%	82.5%	95	17.7%	1	100.2%
40	福岡	755	8	789	776	102.8%	602	77.6%	45	5.8%	647	83.4%	85.7%	129	16.6%	21	102.8%
17	岐阜	578	17	590	567	98.1%	453	79.9%	20	3.5%	473	83.4%	81.8%	94	16.6%	△ 11	98.1%
16	富山	267	0	235	228	85.4%	180	78.9%	12	5.3%	192	84.2%	71.9%	36	15.8%	△ 39	85.4%
25	滋賀	380	14	400	378	99.5%	314	83.1%	8	2.1%	322	85.2%	84.7%	56	14.8%	△ 2	99.5%
28	兵庫	987	46	1,027	964	99.7%	796	80.9%	44	4.4%	839	85.3%	85.0%	145	14.7%	△ 3	99.7%
41	佐賀	304	46	308	294	96.7%	235	79.9%	17	5.6%	252	85.7%	82.9%	42	14.3%	△ 10	96.7%
32	島根	322	33	335	318	98.8%	265	83.3%	9	2.8%	274	86.2%	85.1%	44	13.8%	△ 4	98.8%
36	徳島	257	15	264	253	98.4%	218	86.2%	0	0.0%	218	86.2%	84.8%	35	13.8%	△ 4	98.4%
42	長崎	531	55	535	526	99.1%	384	73.0%	70	13.3%	454	86.3%	85.5%	72	13.7%	△ 5	99.1%
8	茨城	746	10	740	722	96.8%	605	83.8%	21	2.9%	626	86.7%	83.9%	96	13.3%	△ 24	96.8%
30	和歌山	333	2	338	331	99.4%	276	83.4%	12	3.6%	288	87.0%	86.5%	43	13.0%	△ 2	99.4%
31	鳥取	209	29	210	204	97.6%	178	87.3%	0	0.0%	178	87.3%	85.2%	26	12.7%	△ 5	97.6%
47	沖縄	512	11	466	441	86.1%	381	86.4%	4	0.9%	385	87.3%	75.2%	56	12.7%	△ 71	86.1%
20	広島	514	12	523	513	99.8%	428	83.4%	20	3.9%	448	87.3%	87.2%	65	12.7%	△ 1	99.8%
10	群馬	499	26	512	494	99.0%	417	84.4%	15	3.0%	432	87.4%	86.6%	62	12.6%	△ 5	99.0%
46	鹿児島	709	2	684	670	94.5%	515	76.9%	73	10.9%	588	87.8%	82.9%	82	12.2%	△ 39	94.5%
9	福島	646	37	644	637	98.6%	552	86.7%	9	1.4%	561	88.1%	86.8%	76	11.9%	△ 9	98.6%
2	青森	472	54	488	480	101.7%	401	83.5%	22	4.6%	423	88.1%	89.6%	57	11.9%	8	101.7%
5	秋田	322	20	309	306	95.0%	262	85.6%	10	3.3%	272	88.9%	84.5%	34	11.1%	△ 16	95.0%
1	石川	294	1	302	291	99.0%	254	87.3%	6	2.1%	260	89.3%	88.4%	31	10.7%	△ 3	99.0%
37	香川	248	15	267	240	96.8%	213	88.8%	2	0.8%	215	89.6%	86.7%	25	10.4%	△ 8	96.8%
6	山形	352	20	355	352	100.0%	303	86.1%	17	4.8%	320	90.9%	90.9%	32	9.1%	0	100.0%
19	山梨	258	15	265	259	100.4%	229	88.4%	7	2.7%	236	91.1%	91.5%	23	8.9%	1	100.4%
11	埼玉	1,153	25	1,174	1,140	98.9%	995	87.3%	51	4.5%	1,046	91.8%	90.7%	94	8.2%	△ 13	98.9%
1	北海道	1,342	82	1,328	1,302	97.0%	1,087	83.5%	115	8.8%	1,202	92.3%	89.6%	100	7.7%	△ 40	97.0%
18	福井	263	4	271	261	99.2%	231	88.5%	10	3.8%	241	92.3%	91.6%	20	7.7%	△ 2	99.2%
44	大分	373	0	336	336	90.1%	291	86.6%	20	6.0%	311	92.6%	83.4%	25	7.4%	△ 37	90.1%
33	岡山	440	18	457	435	98.9%	391	89.9%	12	2.8%	403	92.6%	91.6%	32	7.4%	△ 5	98.9%
9	栃木	547	21	552	539	98.5%	474	87.9%	26	4.8%	500	92.8%	91.4%	39	7.2%	△ 8	98.5%
22	静岡	529	23	545	523	98.9%	470	89.9%	17	3.3%	487	93.1%	92.1%	36	6.9%	△ 6	98.9%
35	山口	455	29	455	449	98.7%	385	85.7%	34	7.6%	419	93.3%	92.1%	30	6.7%	△ 6	98.7%
39	高知	317	24	321	315	99.4%	289	91.7%	5	1.6%	294	93.3%	92.7%	21	6.7%	△ 2	99.4%
12	千葉	1,109	34	1,139	1,090	98.3%	1,001	91.8%	20	1.8%	1,021	93.7%	92.1%	69	6.3%	△ 19	98.3%
4	宮城	436	20	436	424	97.2%	385	90.8%	15	3.5%	400	94.3%	91.7%	24	5.7%	△ 12	97.2%
20	長野	583	1	578	580	99.5%	500	90.3%	37	6.6%	537	95.9%	95.4%	23	4.1%	△ 3	99.5%
15	新潟	527	16	540	523	99.2%	491	93.9%	11	2.1%	502	96.0%	95.3%	21	4.0%	△ 4	99.2%
23	愛知	1,162	22	1,212	1,159	99.7%	1,085	93.6%	54	4.7%	1,139	98.3%	98.0%	20	1.7%	△ 3	99.7%
13	東京	2,076	10	1,766	1,753	84.4%	1,582	90.2%	171	9.8%	1,753	100.0%	84.4%	0	0.0%	△ 323	84.4%
38	愛媛	396	0	347	338	85.4%	331	97.9%	7	2.1%	338	100.0%	85.4%	0	0.0%	△ 58	85.4%
		26,450	1,027	26,353	25,580	96.7%	21,507	84.0%	1,298	5.1%	22,805	89.1%	86.2%	2,785	10.9%	△ 860	

再任用含一 22,805

(文科省公立小・中学校教職員実数調査等を参考に作成)

　大分では全県下で事務職員の配置基準を見直し、事務共同実施の学校支援センターを県内31か所に設置（2019年度正規事務職員207人配置：本務職員の67%）し、250人以上の学校に正規事務職員を、80人以上250人未満の小中学校に全額県費の非常勤員を配置し、児童生徒数80人未満の学校を事務職員未配置とすることで、配置率90.1%（2018年89.3%、2017年89.2%、2016年90.9%、2015年86.6%、2014年83.5%）と定数より△37人の欠員を生じている。大分県公立学校教頭会の2019年度調査資料によれば事務職員の兼務校は小学校84校、中学校37校で兼務率30%を超え全国トップ、県教委の示す「事務職員等配置基準」により県内121校が事務職員未配置という状況となっている[5]。

　愛媛では市町村に複数の事務職員が連携し業務分担を行う共同学校事務室を複数校設置し構成校の事務処理を共同で行っている。事務職員の未配置校も大分県に次いで多く共同学校事務室が支援を行っているが、学校の負担は大きいものとなっている。事務職員の欠員等の代替は「事務講師」として教育事務所が採用している。

　共同実施加配を受けても、新規採用を抑制し臨時的任用（欠員補充）で充足、あるいは欠員のままの状態に放置している自治体の状況に大きな変化はみられない。東京、大分、愛媛にみられる非常勤職員配置について文部科学省は義務標準法の定数として取り扱わないとしてその配置について問題とはしていない。総額裁量制により浮いた人件費で定数外の県費非常勤職員を配置とすることの全国化は避けなければならない。

　政令市における義務標準法上の実行定数は5,236人に対して、本務者数4,409人、再任用数235人、臨時的任用（欠員補充）477人の合計5,121人で、配置割合は97.8%（2018年97.0%、2017年96.4%）となっている。臨時的任用（欠員補充）の高いのは、熊本市（21.0%→24.8%→26.4%）京都市（24.2%→22.5%→21.0%）岡山市（17.8%→19.1%→19.5%）さいたま市（21.1%→20.5%→18.0%）と熊本市、岡山市では割合が高くなっており、熊本市では4人に1人の割合なっている。欠員の多い自治体は、広島市（△62人充足率79.7%）、福岡市（△35人充足率89.4%）となっている。

（2）高校事務職員の定数分析から見える状況

　少子化による小・中学校児童生徒数の減少に伴い、各地で過疎化の波をうけ、高等学校でも学校統廃合が進み事務職員定数が減少している。

　学校基本調査によれば、1998年（平成大合併開始前年）から2020年までの間で都道府県立の高等学校（全日制、定時制、併置）は、3,765校から3,244校

へと521校も減少している。この22年間で△13.84％も削減されている。

　さらに、高等学校の規模も小規模化による定員の縮小で事務職員定数も減らされている。事務長を含めても3人を割り込むという実態もあり、業務量の負担が過重となっている。

　高等学校教職員実数調によると、「公立高等学校の適正配置及び教職員定数の標準等に関する法律（高校標準法）」上の全日制・定時制合計の定数は、14,515人。実際に配置されている実配置数は14,271人、配置割合は98.3％で前年度より0.1％減少した。（2018年98.4％、2017年98.3％、2016年98.1％）

　実配置数のうち本務者は12,753人で定数に占める割合は89.4％で対前年度0.6％減である。（2018年90.0％、2017年89.1％、2016年89.6％、2015年90.88％、2014年91.06％）。

　臨時的任用（欠員補充）は、2019年908人（2018年897人、2017年922人、2016年951人、2015年960人、2014年1,086人）で実配置のうち6.4％、前年度0.2％増となっている。（2018年6.2％、2017年6.5％、2016年6.4％、2015年6.49％、2014年6.90％）

　全日制・定時制で臨時的任用が10％を超える自治体は、奈良（28.4％→32.1％→35.7％）栃木（15.9％→0.4％→20.6％）神奈川（4.7％→19.0％→20.1％）青森（21.6％→21.1％→17.3％）群馬（16.6％→16.7％→17.2％）沖縄（18.1％→19.2％→16.8％）京都（12.9％→15.4％→16.8％）熊本（19.1％→19.0％→15.9％）茨城（13.9％→13.8％→13.7％）和歌山（13.6％→11.1％→13.0％）兵庫（10.1％→10.2％→12.2％）の11県。奈良では毎年増加し3人に1人の割合となっている。《別表7》

　高等学校では、各地で総務事務システム導入を理由にした定数削減が進行している。2010年度に開始された高校授業料無償化による公立高等学校授業料不徴収の際にも各地で人員削減が行われた。自公連立政権による2014年度からの高校授業料無償化への所得制限導入では、認定に伴う審査事務など高校事務職員の多忙化が問題となっていた。2016年度には全ての生徒が高等学校等就学支援金の審査対象となり、所得確認・交付申請など関係事務処理は年間を通して膨大な作業が現在も発生している。マイナンバー制度の導入も審査・所得確認に影響してきている。低所得世帯等の授業料以外の教育費負担軽減のための高校生奨学給付金制度の導入による事務量増加も懸念されている。高等学校事務室における事務量に応じた適正な定数と本務者の確保が急務である。

5　公立学校の統廃合の状況

　学校基本調査[6]によれば、1998年（平成大合併開始前年）から2020年までの22年間で、公立小学校は23,471校から19,069校へと△18.76％（4,402校減）が統廃合され47都道府県すべてで減少している。2020年度は愛媛、島根、石川、佐賀、福井、静岡、埼玉を除く40都道府県で208校が消滅した。1998年からの削減率の高い順では、青森（△43.58％）秋田（△41.67％）北海道（△36.53％）岩手（△35.96％）徳島（△33.09％）熊本（△32.93％）山形（△31.30％）島根（△31.25％）高知（△31.06％）大分（△30.73％）新潟（△30.48％）鳥取

《別表7》高校事務定数／全定計（2019年5月1日）

	実行定数 (A)	実取定数 (B)	配置割合 B/A	本務者数 (C)	本務者割合 C/B	再任用数 (D)	再任用割合 D/B	本務者＋再任用			欠補填数 (E)	欠補割合 E/B	過不足	
								正規計 (C+D)	正規/B	正規/A			定数－実数 (A)-(B)	充足率
29 奈良	168	168	100.0%	105	62.5%	3	1.8%	108	64.3%	64.3%	60	35.7%	0	100.0%
9 栃木	280	272	97.1%	216	79.4%		0.0%	216	79.4%	77.1%	56	20.6%	△8	97.1%
14 神奈川	689	677	98.3%	468	69.1%	73	10.8%	541	79.9%	78.5%	136	20.1%	△12	98.3%
2 青森	227	225	99.1%	177	78.7%	9	4.0%	186	82.7%	81.9%	39	17.3%	△2	99.1%
10 群馬	350	344	98.3%	282	82.0%	3	0.9%	285	82.8%	81.4%	59	17.2%	△6	98.3%
47 沖縄	344	327	95.1%	268	82.0%	4	1.2%	272	83.2%	79.1%	55	16.8%	△17	95.1%
26 京都	251	244	97.2%	197	80.7%		2.5%	203	83.2%	80.9%	41	16.8%	△7	97.2%
43 熊本	236	226	95.8%	184	81.4%	6	2.7%	190	84.1%	80.5%	36	15.9%	△10	95.8%
8 茨城	404	395	97.8%	337	85.3%	4	1.0%	341	86.3%	84.4%	54	13.7%	△9	97.8%
30 和歌山	167	161	96.4%	138	85.7%	2	1.2%	140	87.0%	83.8%	21	13.0%	△6	96.4%
28 兵庫	603	590	97.8%	500	84.7%	18	3.1%	518	87.8%	85.9%	72	12.2%	△13	97.8%
45 宮崎	161	161	100.0%	135	83.9%	10	6.2%	145	90.1%	90.1%	16	9.9%	0	100.0%
11 埼玉	788	781	99.1%	681	87.2%	26	3.3%	707	90.5%	89.7%	74	9.5%	△7	99.1%
33 岡山	342	331	96.8%	300	90.6%	5	1.5%	305	92.1%	89.2%	26	7.9%	△11	96.8%
34 広島	314	308	98.1%	275	89.3%	13	4.2%	288	93.5%	91.7%	20	6.5%	△6	98.1%
18 福井	96	93	96.9%	86	92.5%	1	1.1%	87	93.5%	90.6%	6	6.5%	△3	96.9%
46 鹿児島	314	306	97.5%	247	80.7%	41	13.4%	288	94.1%	91.7%	18	5.9%	△8	97.5%
42 長崎	203	199	98.0%	180	90.5%	9	4.5%	189	95.0%	93.1%	10	5.0%	△4	98.0%
22 静岡	471	461	97.9%	428	92.8%	11	2.4%	439	95.2%	93.2%	22	4.8%	△10	97.9%
41 佐賀	161	155	96.3%	148	95.5%		0.0%	148	95.5%	91.9%	7	4.5%	△6	96.3%
25 滋賀	182	179	98.4%	152	84.9%	19	10.6%	171	95.5%	94.0%	8	4.5%	△3	98.4%
35 山口	184	178	96.7%	170	95.5%	1	0.6%	171	96.1%	92.9%	7	3.9%	△6	96.7%
44 大分	204	201	98.5%	192	95.5%	3	1.5%	195	97.0%	95.6%	6	3.0%	△3	98.5%
40 福岡	524	515	98.3%	453	88.0%	48	9.3%	501	97.3%	95.6%	14	2.7%	△9	98.3%
31 鳥取	112	111	99.1%	107	96.4%	1	0.9%	108	97.3%	96.4%	3	2.7%	△1	99.1%
37 香川	116	113	97.4%	109	96.5%	1	0.9%	110	97.3%	94.8%	3	2.7%	△3	97.4%
12 千葉	616	603	97.9%	576	95.5%	13	2.2%	589	97.7%	95.6%	14	2.3%	△13	97.9%
23 愛知	610	597	97.9%	572	95.8%	12	2.0%	584	97.8%	95.7%	13	2.2%	△13	97.9%
21 岐阜	284	283	99.6%	276	97.5%	1	0.4%	277	97.9%	97.5%	6	2.1%	△1	99.6%
6 山形	154	151	98.1%	145	96.0%	4	2.6%	149	98.7%	96.8%	2	1.3%	△3	98.1%
24 三重	242	241	99.6%	217	90.0%	22	9.1%	239	99.2%	98.8%	2	0.8%	△1	99.6%
27 大阪	427	425	99.5%	384	90.4%	39	9.2%	423	99.5%	99.1%	2	0.5%	△2	99.5%
1 北海道	721	713	98.9%	679	95.2%	34	4.8%	713	100.0%	98.9%	0	0.0%	△8	98.9%
3 岩手	211	207	98.1%	193	93.2%	14	6.8%	207	100.0%	98.1%	0	0.0%	△4	98.1%
4 宮城	351	342	97.4%	334	97.7%	8	2.3%	342	100.0%	97.4%	0	0.0%	△9	97.4%
5 秋田	178	178	100.0%	178	100.0%		0.0%	178	100.0%	100.0%	0	0.0%	0	100.0%
7 福島	279	279	100.0%	271	97.1%	8	2.9%	279	100.0%	100.0%	0	0.0%	0	100.0%
13 東京	802	797	99.3%	772	96.9%	25	3.1%	797	100.0%	99.4%	0	0.0%	△5	99.3%
15 新潟	255	254	99.6%	227	89.4%	27	10.6%	254	100.0%	99.6%	0	0.0%	△1	99.6%
16 富山	154	149	96.8%	144	96.6%	5	3.4%	149	100.0%	96.8%	0	0.0%	△5	96.8%
17 石川	152	152	100.0%	149	98.0%	3	2.0%	152	100.0%	100.0%	0	0.0%	0	100.0%
19 山梨	106	106	100.0%	105	99.1%	1	0.9%	106	100.0%	100.0%	0	0.0%	0	100.0%
20 長野	460	457	99.3%	393	86.0%	64	14.0%	457	100.0%	99.3%	0	0.0%	△3	99.3%
32 島根	135	133	98.5%	133	100.0%		0.0%	133	100.0%	98.5%	0	0.0%	△2	98.5%
36 徳島	177	177	100.0%	177	100.0%		0.0%	177	100.0%	100.0%	0	0.0%	0	100.0%
38 愛媛	182	178	97.8%	168	94.4%	10	5.6%	178	100.0%	97.8%	0	0.0%	△4	97.8%
39 高知	128	128	100.0%	125	97.7%	3	2.3%	128	100.0%	100.0%	0	0.0%	0	100.0%
	14,515	14,271	98.3%	12,753	89.4%	610	4.3%	13,363	93.6%	92.1%	908	6.4%	△244	

再任用書一　13,363

（文科省公立小・中学校教職員実態調を参考に作成）

（△30.36％）と△30％を超え、青森、秋田では4割の小学校が廃校となっている。《別表8》

《別表8》公立学校の統廃合数データ （1998年度～2020年度比較）

	都道府県	2020	廃校率	1998
1	2 青森	268	-43.58%	475
2	5 秋田	189	-41.67%	324
3	1 北海道	987	-36.53%	1,555
4	3 岩手	301	-35.96%	470
5	36 徳島	184	-33.09%	275
6	43 熊本	334	-32.93%	498
7	6 山形	237	-31.30%	345
8	32 島根	198	-31.25%	288
9	39 高知	222	-31.06%	322
10	44 大分	257	-30.73%	371
11	15 新潟	447	-30.48%	643
12	31 鳥取	117	-30.36%	168
13	34 広島	462	-28.81%	649
14	38 愛媛	279	-27.53%	385
15	29 奈良	194	-26.24%	263
16	17 石川	199	-25.75%	268
17	37 香川	156	-25.36%	209
18	30 和歌山	237	-25.24%	317
19	7 福島	417	-24.18%	550
20	16 富山	180	-23.40%	235
21	9 栃木	347	-21.49%	442
22	19 山梨	167	-21.23%	212
23	42 長崎	312	-21.01%	395
24	8 茨城	468	-20.95%	592
25	35 山口	296	-20.86%	374
26	26 京都	357	-20.31%	448
27	24 三重	361	-18.69%	444
28	4 宮城	366	-18.40%	451
29	45 宮崎	232	-17.44%	281
30	46 鹿児島	499	-16.28%	596
31	33 岡山	380	-15.18%	448
32	10 群馬	303	-13.43%	350
33	41 佐賀	155	-12.92%	178
34	20 長野	353	-12.84%	405
35	28 兵庫	739	-12.02%	840
36	21 岐阜	364	-11.00%	409
37	18 福井	194	-10.60%	217
38	12 千葉	763	-9.92%	847
39	13 東京	1,267	-9.05%	1,393
40	40 福岡	713	-8.35%	778
41	22 静岡	497	-7.62%	538
42	27 大阪	972	-5.91%	1,033
43	25 滋賀	218	-5.22%	230
44	47 沖縄	261	-4.40%	273
45	11 埼玉	808	-3.23%	835
46	14 神奈川	849	-2.41%	870
47	23 愛知	961	-2.14%	982
	計	19,069	-18.76%	23,471

都道府県	2020	廃校率	1998
3 岩手	149	-30.37%	214
6 山形	95	-28.57%	133
1 北海道	561	-25.70%	755
46 鹿児島	213	-22.26%	274
44 大分	123	-22.15%	158
17 石川	82	-21.15%	104
5 秋田	109	-20.44%	137
2 青森	153	-20.31%	192
35 山口	152	-20.00%	190
43 熊本	160	-20.00%	200
19 山梨	81	-19.00%	100
30 和歌山	118	-18.62%	145
32 島根	92	-18.58%	113
38 愛媛	128	-17.95%	156
37 香川	68	-16.05%	81
42 長崎	169	-15.50%	200
45 宮崎	126	-13.70%	146
31 鳥取	52	-13.33%	60
39 高知	118	-13.24%	136
47 沖縄	143	-12.80%	164
16 富山	75	-12.79%	86
9 栃木	153	-12.57%	175
24 三重	155	-11.93%	176
36 徳島	82	-11.83%	93
4 宮城	197	-11.66%	223
41 佐賀	84	-11.58%	95
7 福島	216	-11.48%	244
15 新潟	222	-11.20%	250
21 岐阜	175	-11.17%	197
10 群馬	160	-10.61%	179
33 岡山	154	-9.94%	171
26 京都	163	-8.94%	179
34 広島	234	-8.59%	256
29 奈良	98	-8.41%	107
13 東京	608	-8.16%	662
8 茨城	215	-7.73%	233
28 兵庫	335	-6.69%	359
40 福岡	329	-5.19%	347
20 長野	183	-5.18%	193
12 千葉	368	-4.42%	385
22 静岡	261	-3.69%	271
25 滋賀	96	-3.03%	99
14 神奈川	404	-2.88%	416
27 大阪	452	-2.59%	464
11 埼玉	414	-1.90%	422
18 福井	76	-1.30%	77
23 愛知	411	0.00%	411
計	9,212	-11.66%	10,428

都道府県	2020	廃校率	1998
44 大分	39	-31.58%	57
36 徳島	28	-26.32%	38
33 岡山	51	-26.09%	69
35 山口	49	-25.76%	66
15 新潟	80	-21.57%	102
29 奈良	34	-20.93%	43
1 北海道	194	-20.82%	245
43 熊本	47	-20.34%	59
3 岩手	63	-20.25%	79
17 石川	43	-18.87%	53
2 青森	56	-17.65%	68
6 山形	42	-17.65%	51
46 鹿児島	61	-17.57%	74
14 神奈川	137	-17.47%	166
38 愛媛	46	-16.36%	55
45 宮崎	37	-15.91%	44
40 福岡	94	-15.32%	111
5 秋田	45	-15.09%	53
4 宮城	68	-15.00%	80
21 岐阜	63	-14.86%	74
12 千葉	121	-14.79%	142
37 香川	29	-14.71%	34
19 山梨	30	-14.29%	35
31 鳥取	24	-14.29%	28
22 静岡	85	-14.14%	99
27 大阪	134	-14.10%	156
8 茨城	96	-13.51%	111
30 和歌山	32	-13.51%	37
24 三重	56	-12.50%	64
13 東京	185	-12.32%	211
9 栃木	61	-11.59%	69
20 長野	79	-11.24%	89
16 富山	41	-10.87%	46
41 佐賀	34	-10.53%	38
11 埼玉	139	-10.32%	155
10 群馬	61	-10.29%	68
42 長崎	56	-8.20%	61
39 高知	34	-8.11%	37
34 広島	80	-8.05%	87
18 福井	28	-6.67%	30
25 滋賀	45	-6.25%	48
28 兵庫	135	-6.25%	144
23 愛知	149	-3.87%	155
47 沖縄	60	-3.23%	62
32 島根	35	-2.78%	36
7 福島	88	0.00%	88
26 京都	50	4.17%	48
計	3,244	-13.84%	3,765

(注1)R2.12.25公表の学校基本調査に基づきデータ集計をした。

(注2)平成の大合併(1999年/平成11年)直前年との比較である。

教育行財政研究所

　中学校では10,428校が9,212校へ△11.66％（1,216校減）で、特に岩手では△30.37％と3割の中学校が廃校となっている。削減率の高い順では、岩手についで山形（△28.57％）北海道（△25.70％）鹿児島（△22.26％）大分（△22.15％）石川（△21.15％）秋田（△20.44％）青森（△20.31％）山口（△20％）熊本（△20％）と20％を超え、秋田、山形、岩手、北海道などでは小学校の廃校と同時に中学校の統廃合がすすんでいる。

　都道府県立高等学校では3,765校が3,244校へと△13.84％（521校減）で、大分（△31.58％）徳島（△26.32％）岡山（△26.09％）山口（△25.76％）新潟（△21.57％）奈良（△20.93％）北海道（△20.82％）熊本（△20.34％）岩手（△20.25％）が20％を超えて統廃合が起きている。

　文科省は、適正規模（12学級）未満の小規模学校（小学校で46.5％、中学校では51.6％）の適正規模化を図るとして学校統廃合の方針を打ち出し、平成27年（2015年）1月27日「公立小学校・中学校の適正規模・適正配置等に関する手引」を都道府県教育委員会教育長および都道府県知事あてに通知し域内の市町村教育委員会教育長および首長への通知の周知を促した。学校統廃合に関する財源措置の目玉は統廃合に伴う児童生徒の通学費に関するへき地児童生徒援助費補助金の大幅増額と統廃合に伴う学校の新増設補助率の変更（1/3→1/2）である。小学校の廃校数は2016年度再び増加に転じた。

　文科省の統廃合に伴う財源措置の影響が大きいものと推察できる。

　また、2020年度予算ではへき地児童生徒援助費等補助金のうち、遠距離通学費の要件に複数の学校間の移動に必要なスクールバスの運行委託費を負担する都道府県及び市町村の事業に対する補助（1/2）を加えた。

　2020年度政府予算案にあたり文科省は財務省との協議により少子化進展による基礎定数の自然減（△2,249人）に加え、学校統廃合の更なる進展による定数減△1,050人、少子化等による既存定数の見直し（△626人）を見込んだ上で、基礎定数（英語教育、生徒指導、共同学校事務体制及び基礎化関連で合計1,656人）と加配定数（70人）の合計1,726人で決着した。定数改善の方策の一つとしての学校統廃合による定数削減は2018年度予算から続く手法である。

　2021年度政府予算案において財務・文科両大臣折衝の結果、2021年度から5年かけて学級編制標準を引下げる小学校全学年35人学級が決定した。これによる小学校教員の改善数は12,449人となっている。

　コロナ禍による少人数指導が求められたことが影響してか、今回は学校統廃合による定数減は提起されなかった。

　しかし、経済・財政再生計画工程表（経済財政諮問会議）では学校小規模化

への対策の目標を2021年度100％としている。小学校35人学級の計画的な進行により、文科省主導の学校統廃合が加速度的にすすむ危険性を孕んでいる。

　各地で学校統廃合がすすめられ、児童・生徒、高校生の遠距離通学の問題も生じている。加えて学校統廃合は離島や山間僻地ではもはや限界なのである。

《別表9》教職員の病気休職者数等の割合

【事務職員】

① ア 病気休職者（在職者数中の割合）

	病気休職者A	在職者数B	A/B
元年度	※元年度調査対象から除外		
30年度	565	55,130	1.02%
29年度	541	55,129	0.98%
28年度	509	55,409	0.92%
27年度	480	55,422	0.87%
26年度	454	55,945	0.81%
25年度	464	56,609	0.82%
24年度	507	57,251	0.89%

イ 精神疾患者（在職者数中の割合）

	精神疾患者A	在職者数B	A/B
元年度	※元年度調査対象から除外		
30年度	438	55,130	0.79%
29年度	406	55,129	0.74%
28年度	382	55,409	0.69%
27年度	362	55,422	0.65%
26年度	334	55,945	0.60%
25年度	341	56,609	0.60%
24年度	369	57,251	0.64%

ウ 精神疾患者（病気休職者数中の割合）

	精神疾患者A	病気休職者B	A/B
元年度	※元年度調査対象から除外		
30年度	438	565	77.52%
29年度	406	541	75.05%
28年度	382	509	75.05%
27年度	362	480	75.42%
26年度	334	454	73.57%
25年度	341	464	73.49%
24年度	369	507	72.78%

② エ 病気休職者及び1ヶ月以上の病気休暇取得者

	休職者及び休暇取得者A	在職者数B	A/B
元年度	※元年度調査対象から除外		
30年度	1,076	55,130	1.95%
29年度	1,030	55,129	1.87%
28年度	976	55,409	1.76%

オ エのうち精神疾患者（在職者数中の割合）

	精神疾患者A	在職者数B	A/B
元年度	※元年度調査対象から除外		
30年度	675	55,130	1.22%
29年度	639	55,129	1.16%
28年度	573	55,409	1.03%

カ エのうち1ヶ月以上の病気休暇取得者

	病気休暇取得者A	在職者数B	A/B
元年度	※元年度調査対象から除外		
30年度	511	55,130	0.93%
29年度	489	55,129	0.89%
28年度	467	55,409	0.84%

【教育職員】

① ア 病気休職者（在職者数中の割合）

	病気休職者A	在職者数B	A/B
元年度	8,157	920,370	0.89%
30年度	7,949	920,034	0.86%
29年度	7,796	920,760	0.85%
28年度	7,758	920,058	0.84%
27年度	7,954	920,492	0.86%
26年度	8,277	919,253	0.90%
25年度	8,408	919,717	0.91%
24年度	8,341	921,673	0.90%

イ 精神疾患者（在職者数中の割合）

	精神疾患者A	在職者数B	A/B
元年度	5,478	920,370	0.60%
30年度	5,212	920,034	0.57%
29年度	5,077	920,760	0.55%
28年度	4,891	920,058	0.53%
27年度	5,009	920,492	0.54%
26年度	5,045	919,253	0.55%
25年度	5,078	919,717	0.55%
24年度	4,960	921,673	0.54%

ウ 精神疾患者（病気休職者数中の割合）

	精神疾患者A	病気休職者B	A/B
元年度	5,478	8,157	67.16%
30年度	5,212	7,949	65.57%
29年度	5,077	7,796	65.12%
28年度	4,891	7,758	63.04%
27年度	5,009	7,954	62.97%
26年度	5,045	8,277	60.95%
25年度	5,078	8,408	60.39%
24年度	4,960	8,341	59.47%

② エ 病気休職者及び1ヶ月以上の病気休暇取得者

	休職者及び休暇取得者A	在職者数B	A/B
元年度	18,030	920,370	1.96%
30年度	17,684	920,034	1.92%
29年度	17,196	920,760	1.87%
28年度	16,799	920,058	1.83%

オ エのうち精神疾患者（在職者数中の割合）

	精神疾患者A	在職者数B	A/B
元年度	9,642	920,370	1.05%
30年度	9,062	920,034	0.98%
29年度	8,470	920,760	0.92%
28年度	8,071	920,058	0.88%

カ エのうち1ヶ月以上の病気休暇取得者

	病気休暇取得者A	在職者数B	A/B
元年度	9,873	920,370	1.07%
30年度	9,735	920,034	1.06%
29年度	9,400	920,760	1.02%
28年度	9,041	920,058	0.98%

おわりに

　行き過ぎた学校統廃合は人口減少とともに地域の消滅にもつながる。それは更なる統廃合をもたらすことである。

　2019年度教職員の病気休職の実態は、教員0.89％（2018年0.86％、2017年0.85％）でそのうち精神疾患による者は67.16％（2018年65.57％、2017年65.12％）と前年比1.59％増となっている[7]。事務職員では2018年度病気休職者1.02％（2017年0.98％）と１％を超え、精神疾患を理由とする者は77.52％（2017年75.05％）と前年比2.47％増で80％に迫る勢いである。《別表９》

　本務者や非正規職員が疲れているのは多忙な環境にあることが原因ではないのか。「働き方改革」で職場環境に大きな改善がみられるのか疑問である。

　「令和元年度公立学校教員採用選考試験実施状況について」によれば、採用倍率は小学校2.8倍（前年3.2倍）中学校5.7倍（前年6.8倍）高校6.9倍（前年7.7倍）とそれぞれ減少している。とくに採用倍率の低下している小学校の受験者数について新規学卒者は横ばいで既卒者は減少傾向にあるが、既卒者の減少は民間企業等の採用状況の好転等により不合格後に講師を続けながら受験する層が減少していることが主な理由としている。採用倍率低下は大量退職等に伴う採用者数の増加が大きいと文科省は分析する[8]。

　また、令和2年12月22日公表の令和元年度学校教員統計調査（中間報告）によれば、平成30年度小学校採用者の32.2％、中学校採用者の40.0％が非常勤講師等経験者であるが小中とも年々その割合は減少してきている[9]。

　既卒者の受験率減少傾向にあって、小学校35人学級完成に向けた計画的な人材確保はできるのか懸念されるところである。

　コロナ禍による少人数指導の要求にこたえての小学校全学年における35人学級だが四間五間の教室空間では中学校の35人学級が優先ではなかったのか。

　義務制・高等学校とも不安定な雇用形態の非正規教職員に支えられた学校を見直すことが重要かつ必要な時期にきている。

　文科省の主導する12学級以上を標準的とする標準的学級論を見直し、学級規模の改善による基礎定数を重視した計画的な教職員定数改善策とともに、少人数学級にとどまらず小規模学校の維持が検討されるべきである。

　注
（１）労働力調査（基本集計）2020年（令和２年）11月分　総務省統計局
（２）新型コロナウイルス感染症に起因する雇用の影響に関する情報について
　　　厚生労働省

（3）公立小・中学校教職員実数調（令和元年 5 月 1 日現在）　文部科学省

（4）公立高等学校課程別・職種別教職員実数調（令和元年 5 月 1 日現在）
　　文部科学省

（5）令和 2 年度全国と大分県の比較（EXCEL）　大分県公立学校教頭会HP

（6）令和 2 年度学校基本調査（確定値）の公表について　文部科学省

（7）令和元年度（30年度実施）公立学校教職員の人事行政状況調査について
　　文部科学省

（8）令和元年度公立学校教員採用選考試験実施状況について　文部科学省

（9）令和元年度学校教員統計調査（中間報告）　文部科学省

（公教育計画学会会員　教育行財政研究所研究委員）

書評

広瀬義徳＋桜井啓太編
『自立へ追い立てられる　社会』

中村　文夫

　2020年以来のコロナ禍にあって、国の支援を最小にして、自己責任に帰する言説が政財界、メディアによって高まった。他方で第1波の期間、子どもたちへ現金等を給付した自治体が四分の一に及ぶなど相互扶助が各地で生じた。

　その渦中に出版された本書は、「「自立」という呪いに追い立てられる社会」について、15章にわたって当学会員を含む12名の方が、幅広い分野を網羅して鋭い論考を寄せている。

　編者でもある広瀬義徳が、桜井啓太とともに書いた「序文」において、「わたしたちが求めるのは、この「自立支配」社会の舞台上で自己を自律的な意思のあるパフォーマティブな主体として常に努力しつつ活性化させる強迫的な日常からの自由である」、と語っている。自由とはなんだろう。相互扶助への内発性であろうか。そうであってほしいと願う。

　「第1部　なぜ自立を問うのか」では、思想的・社会理論的な議論に臨んでいる。広瀬が担当している「第1章　自立・自律した個人という幻想と「共生」の根拠」では、「自立」に追い立てられる社会を「自立支配社会」と述べ、対抗して「「依存」をすべての人が現代社会を生きる上での「常態」と認めた上での生活を求める」。社会では自立・自律や依存も、平等な関係のなかであるのではなく、階級間の支配被支配関係に規定された生産現場での生きることの屈辱や富の分配をめぐる非対称的で非妥協的な闘争が繰り返されているなかで生じていると私は思う。広瀬は、「市場交換に還元できないものの復権」と個人的な能力等によらない「価値や資源の配分秩序を志向する政治的な企て」にも言及している。そして「自立」への強迫的な思考を緩め、また配分秩序を社会的に相対化していく変化の必要性を、文末で述べている。

　次に、「第2部　自立社会の新たな統治性」を構成する「第5章　フレキシブル化する労働と自律的な「高度人材」という罠」において広瀬は、従来の労使関係を逸脱した「高度人材」「高度専門業務」という新たな動きに着目する。たとえば開発職やコンサルタントは、比較的高い所得以外の魅力はなく、能力

の自己管理と短期的サイクルで地位の保証のない職を移動するしかできない、と語る。私には、大量の非常勤講師によって成り立つ大学も、ほぼそのような構造になっているとみえる。ならばその構造の打開はどうすればよいのだろうか。また、高度人材ではないが、資格を持った公務員である公立学校の教員は自立的な「聖職者」として、専門性が強調され、時間で測れない労働として残業代は支払われていない。さらに変形労働時間制が導入され、繁忙期、閑散期の自己調節が望まれるようになっている。専門性に依拠した自由で自立的な労働と思いこまされてきたが、労働密度が高く、長時間勤務の職場は疲弊し、教員希望者も小学校の倍率3.2倍（2018年度）まで低下している。

　コロナ禍の中では、テレワークや自宅での遠隔オンライン教育が推奨され、高度人材以外もホワイトカラーはこぞって、大した抵抗もなく移行した。テレワークは、自立した労働を強制するものである。こうして高度人材という鋳型は見る影もなくとろけてしまった。雇用関係は名ばかりで、「個人事業主」化、「一人親方」状態が一瞬のうちに蔓延することになった。そこでは国ごとに定める最低賃金制度から除外されて、グローバルな受注競争を強いられている。コロナ禍によってもたらされた一層のデジタル社会のなかで多くの職業が、雇用—非雇用関係を脱却させられ、したがって労働法制からも抜け落ち、無法地帯での自己責任での職業生活に追い立てられている。2020年 7 月17日に閣議決定した「成長戦略実行計画」の第 2 章新しい働き方の定着の目玉に「フリーランスの環境整備」を掲げている。政策として進められる中、教職員を含めて迫りくる自立の悪夢を解くのは容易ではない。

　同じ第 2 部には田口康明は、「第9章　「力をつけて、のりこえる」論の止揚は可能か」を書いている。田口は言う、改正された教育基本法は、従来の「能力」観を転換させ、「「能力」を目的志向的な「伸張させるべきもの」として再定義したのである。「能力」を伸ばし、「資質」を身につけ、「自立」させるのである」、そして「これが暴走を始める」、と。同様に歴史的な重みのある「学力保障」観念も転換した。新自由主義社会の進展により、国家としての枠組みも変質し、国民形成はグローバル人材育成より下位概念のようになったため、「社会的な目的を失い」、社会的な枠組みのない「自立のための自己目的化してしまっている」、と語っている（と、私は読んだ）。私も同様に思う。

　田口は「職業や働くことの意義が空洞化しているから、保障したはずの学力の行方が喪失している」と語っている。「「力」こそが共同的・協働的なもので

162

あり、生きていく／いる基盤としての共同性の中でしか存在しえないことを再認識するしかないのである」、という最後の言葉に私は頷く。そして、再認識のその先の一歩をどのように踏み出したらよいのか、続きを聞いてみたい。

　さらに第2部には、元井一郎が「第10章　地域社会と公教育の関連性をどうとらえられるか」を書いている。地域社会は目に見える共同的・協働的な場であり、力をふるえるところである（はずだ）。元井は、これまでの地域と国家、教育の関係を整理する。とくに「私教育の組織化としての公教育の成立」という認識には、「近代国家の支配構造を精確に捉えないところに起因する理論的誤謬であると指摘しておきたい」、とあるところは、今日でも誤謬が再生産されていることから、繰り返し指摘する意義がある。
　元井は「近代国家は、市民社会の自由で自立した個人の経済活動が生み出す諸矛盾を国民国家が総括することを通して国家を媒介とした依存関係を構築するのである」。そのことから、「近代学校は、子どもの自然成長的な協働的な学びを否定して、国家による規律的な教育活動を本質とする」ということである。「自立という社会的強要を批判して、依存ということを単に肯定的に措定することでは根本的な課題解決には至らないのである」、と正しく指摘している。
　私は、新自由主義は、近代国家をグローバル化の一部分として新たな役割を演じさせようとしていると考えている（もっともこれまでも近代国家が万民に向かって平等な権利を実体化したケースは、私は知らない）。現在、相対的に力量の低下した国家が税を投入して、すべての地域に広く公教育を行うという仕組みを持続させる政策（国内で可能なグローバル人材養成などタカが知れている）も財源（消費税増税を繰り返しても国庫から蒸発し、地方にも、教育にも回ってこない）も枯渇していると思う。新たな役割は一部の階層の人たちと首都圏への露骨な重点的な再配分しかできない（利権の再配分）。残りの多数の人たちはたとえゼロ配分でも相互扶助しながら生き延びるしかない。それが自立の実相ではないか。依存と相互扶助の違いを読みながら考えている。
　［インパクト出版会／2020年7月刊行／定価（本体2,000円＋税）］

（公教育計画学会会員　教育行財政研究所主宰）

書評

共生社会の学校づくり研究会［編］
磯田勝・大多和雅絵・川崎雅和・東郷伸也・水口真弓［著］
『貧困・障がい・国籍　教育のインクルーシブ化に学校はどう備えるか』

森田　司郎

　本書は2020年2月に日本教育事務学会が開催した「すべての子どもの学ぶ権利を守るために」をテーマとした研究集会で発表された実践報告をまとめたものである。

　日本教育事務学会は、「授業など直接子どもと向き合う活動以外の仕事」を「教育事務」と呼び、「学校事務職員と副校長・教頭、教育委員会職員の仕事や成長の現状、そして今後の日本の学校像を視野に入れた仕事の再設計の在り方、資質・能力を向上させる仕組み等を研究する」ことを目的に2013年12月に創立され、これまで積極的な研究活動や社会への発信活動を行っている。

　本書は、日本の学校教育が直面している喫緊の課題である、経済的な「貧困」に陥っている家庭の子どもに対する就学や学習の支援、「障がい」のある子どもの学びの保障、そして多様な「国籍」をもち日本で暮らす人々の学ぶ権利の保障に対して、教育事務に携わる学校事務職員の視点を通して真正面から向き合っている。とくに、豊富な事例を通して、学校事務職員、教員、そして教育委員会職員等が協働し、まさに「チーム学校」の一つの形としてこれらの課題に取り組むことの必要性を強調している点には高い説得力がある。このことは、具体的事例やデータを丁寧に示しながら説得力をもって論を進めている本書の構成にも表れている。

　第1章では、本書を貫くテーマである「共生社会における学び」のあり方の現状と課題について、広く国内外の状況を捉えながら総論的にまとめている。とくに、日本ではいまだに「日本国憲法が規定する『ひとしく教育を受ける権利』」がすべての子どもたちに享受されていない状況を指摘し、「助け合って共に学ぶ学校のあり方」を追求し、実践を進めることの重要性が示されている。第2章から第4章においては、第1章で提起されたテーマを受ける形で各論的なアプローチが示されている。

　第2章では「貧困」に焦点を当て、経済的困難を抱えた家庭の子どもに対する京都市の就学援助制度の事例を詳細に紹介している。学校事務職員の立場から、この就学支援制度を有効に活用するための具体的な工夫が示されている。その中でも、本当に支援が必要な子どもに手を届かせるためには教員と事務職員の「協働」が欠かせないとの指摘には大きく頷かされた。第2節では、学校教員の立場を通して、教員と事務職員の「協働」による学習支援と進路保障の取り組みの実践内容が、京都市立中学校における事例として詳しく紹介されている。ここでは、家庭環境と子どもの学力の関係や、学力支援の取り組みが就学援助制度の対象となる生徒に与える効果などについて、具体的なデータを提示しながら議論が進められている。これらのデータは、教員と事務職員のそれぞれの立場から得られたものが集約されている。学校現場だからこそ得られる詳細なデータを把握して分析して実際の取り組みの成果を検証していくというこのプロセス自体が、筆者たちが提唱する「協働」の一例であると感じた。

　第3章では「障がい」に焦点を当て、障がいのある子どもの学びの保障をどのようにして進めていくのかについて具体的な事例を紹介しながら論じている。なかでも、さいたま市立特別支援学校の事務職員として開校時から勤務した経験のある筆者が提供する多くの具体的事例は、インクルーシブ教育実現のために学校がすべきことを鮮明に浮かび上がらせている。これまで起きた大規模災害に支援チームや調査研究チームの一員として関わってきた重厚な経験をもとに筆者が示す教育事務の果たす役割と責務は、現状を正確に反映しており必聴である。

　第4章では「国籍」に焦点を当て、日本で暮らす人々の学ぶ権利の保障について夜間中学校の事例を通して論じている。夜間中学校を開設する横浜市立中学校に勤務経験のある筆者が提示する具体的なデータによって、今日の夜間中学校の様子をよく理解することができる。例えば2019年度の在籍生徒数と生徒の国籍に関するデータは、多くの外国籍の生徒が夜間中学校で学んでいる事実

を明示している。こうした事実を知ることによって、外国籍の子どもたちの学ぶ権利を保障することの重要性を再確認することができる。具体的には、特別の教育課程としての日本語指導や、学校行事の工夫による昼間の生徒との交流機会の創出、そして学校外の日本語教室や自主夜間中学との連携など、ここで挙げられている様々な取り組みの意義についてリアリティーをもって理解することができる。本章ではこのように、実際に事務職員として勤務する筆者だからこそ提供できる具体的な情報が豊富に示されている。こうした事実の積み重ねがあるために、筆者による夜間中学校の課題認識やその対策についての提言は、どれも高い説得力を有している。

　本書は「貧困」、「障がい」、「国籍」に関する実践的な事例を積み重ね、「日本型『インクルーシブ教育システム』」の問題点を克服して、障害者権利条約が目指す「インクルーシブ教育」を実現するための具体的な道筋を示すものである。本書で示されているデータの多くは、日本の学校教育の現状と課題を鮮明に映し出す非常に具体的なものである。このようにリアルなデータを豊富に提供することができるのは、筆者が皆、現役の学校事務職員または学校教員であることの強みである。本書は、教育事務に携わる方だけでなく、教員や教員志望の学生、さらには保護者の立場からも「インクルーシブ教育」実現のために多くを学ぶことのできる良書である。

［学事出版／2020年10月刊行／定価（本体1,800円＋税）］

（公教育計画学会会員　専修大学）

書評

堀正嗣著
『子どもの心の声を聴く－子どもアドボカシー入門－』

福山　文子

　子どもの人権は、十分に尊重されているだろうか。子どもの小さな声は、おとなや社会に届いているだろうか。本書は、抑え込まれ、無視されがちな子どもの声を大きくして、おとなや社会に届けていく活動について、つまり「子どもアドボカシー」について、書かれたものである。筆者の経験を織り交ぜつつ、日本でのアドボカシーの実際と課題、そして欧米での現状が、実例とともに分かりやすく提示されている。

　構成は、以下の通りである。

　第1章では、2019年に千葉県野田市で起きた栗原心愛（みあ）さんの虐待死事件を、「声の大きなおとなの意向で物事が進み、子どもの小さな声が無視されてしまった象徴的な出来事」と位置づけている。そして、もしも子どもアドボケイト（アドボカシーをする人）がいて、心愛さんの心の支援をしていたら、状況が変わっていたのではないかと論じるとともに、アドボケイトは、すべての子どもに必要であると指摘している。「やめて」「助けて」という「心の声」は、どの子にもあるからであり、また現実の声として出すことは、傷ついている子どもほど難しいからである。

　第2章では、子どもの声が軽く扱われる背景が丁寧に論じられている。「アダルティズム（子ども差別）」の本質が、「セクシズム（女性差別）」との構造の類似性から解き明かされている。世界経済フォーラム（WEF）の「グローバル・ジェンダー・ギャップ指数」2019年版について、日本の順位の低さに加え「経済」と「政治」分野の数字が著しく低かったことに触れ、「どちらも社会における権力の源泉」と指摘する。つまり、「家庭内などのプライベートな男女間の関係は、社会的な力関係の格差を反映したもの」であり、このような女性差別の構造と、子ども差別との構造の類似性が指摘されている。筆者は、「子どもだまし」「子どもの使い」という言葉や、「『女、子どもは黙っていろ』という文化」に触れながら、私たちの社会に厳然と存在している男性の権力性に気づかせる。

　第3章では、イギリスをはじめとする海外の具体的な事例を援用しつつ、今後日本においてどのようなアドボカシーが求められるのか、論考がなされている。筆者が挙げたイギリスの具体的事例は、母親の重いアルコール依存症と恋人ジョーによる暴力的な関係が懸念され、児童保護登録（ソーシャルサービスによる支援が必要な子どもとして登録すること）をされている10歳と12歳の姉妹に関わるものである。姉妹たちは、アドボケイトの支援を受けながら児童保

護登録を外して欲しいという自分たちの声をおとなに届ける。結果として児童
保護登録は外されはしなかったものの、子ども達の意見が傾聴され、考慮され、
彼女らの支援計画に活かされる様子が見て取れた。子どもの声が届けられるこ
との重要性とともに、たとえ良かれと思ってしたことでも、子ども達の声を聞
こうとせずに、おとなの思い込みだけで動くことの問題性に気づかされる事例
である。

　第4章では、アドボカシーが福祉の領域で発展してきたという歴史的経緯か
ら、教育関係者にあまり知られてこなかったことを踏まえつつ、「子どもの意
見や気持ちを尊重することは、教育の原点」であるとの、そしてだからこそ
「子どもアドボカシーは、教育本来のあり方を取り戻す出発点になる」との、
筆者の主張がなされている。そして、日本の学校教育においてアドボカシーを
行っている機関として「子ども人権オンブズパーソン」「子どもの権利救済委
員」などの公的第三者機関（全国30余りの自治体に設置）、を紹介しつつ、「子
どものマイク」になった、具体的な事例について紹介している。

　第5章において、筆者は「私たちは、まずライフスタイルとしてのアドボカ
シーを生きようと決意する必要がある」と述べている。そして、「自己の権利
と他者の権利を尊重し、傾聴と参加を大切にし、差別や抑圧に抵抗して、お互
いにアドボケイトとして支援しあうライフスタイルをつくろうと努力するこ
と」を提案する。「真に子どもの権利が尊重されるようになったとき、おとな
の権利もまた尊重される社会になる」という、筆者の言葉には、説得力がある。

　第6章では、筆者自身が、イギリス（イングランド、ウェールズ、スコット
ランド、北アイルランド）、カナダ（オンタリオ州）、北欧（ノルウェー、スウ
ェーデン）を実際に訪問し、調査を通して得られた知見をもとに、当該国にお
ける子どもアドボカシーの実情が示されている。例えばノルウェーでは、「子
どもの代弁者」として子どもに代わって発言し、子どもの権利が尊重されるよ
うに社会に働きかける人であるオンブズパーソンを、世界で最初に設置したと
のことである。このオンブズパーソンは、強力な権限と権威をもつ官職であり、
政策に大きな影響力を有し、大臣や国王にも勧告する力を持つ。一方で、カナ
ダオンタリオ州において、州議会選挙で第一党となった進歩保守党の方針によ
り、財政赤字を理由に同州のアドボケイト事務所が閉鎖された（2019年5月）
事実も示されている。同州のアドボケイトは、筆者が「子どもが意見や苦情を
表明するのを支援するアドボカシーから、個別救済、制度改善に至る、すべて
にわたって強力な活動が展開されていた」と、高く評価するものである。この

アドボケイト事務所の閉鎖は、政治や経済という名のもとに、「子どもの小さな声」が簡単にかき消され得る現実を示していると言えるだろう。

　本書を通し、アドボケイトが子どもの声を大きくする「マイク」の役割を果たすこと、「社会における権力」を握っている側が、しっかりと耳を傾けようと努力すること、その双方の必要性を認識できた。さらに筆者の、「日本社会では、おとなの人権（意見表明権や自己決定権を含めて）も尊重されていません。おとなも沈黙を強いられ、生きづらい状態に追いやられています」「子どもの意見表明権が保障される社会は、おとなの人権も保障される社会です」という言葉は、心に響いた。「人権と共生の社会」の実現に向けて、ライフスタイルとしてのアドボカシーを生きようと決意する必要があるとの筆者の指摘に強く首肯する。子どもを含めたすべての人々が生きやすい社会を目指し、実現するためにも、教育関係者をはじめあらゆる方に手に取って頂きたい良書である。

［岩波書店／2020年9月刊行／定価（本体520円＋税)]

（公教育計画学会会員　専修大学）

書評

中村　文夫 著
『学校事務クロニクル－事務職員の過去・現在・未来』

元井　一郎

　本書は、その書名に「クロニクル」、つまり「年代記」あるは「編年記」と訳される表記が使われている。しかしながら、本書は、単に事実や事象を史的な順序で記述したようなものではないところに注意しなければならない。著者は、本書において日本近代以降の学校あるいは学校事務職員に関わる理論的な争点や課題の所在を意識しながら、学校事務及びそれを担う職員を史的に検証、分析する試みを全面的に展開している。したがって、表題等に引きずられて本書を単なる歴史研究の書であるという理解は、指摘するまでもなく不十分である。

　さて、周知のように日本の近代公教育体制の下で整備されてきた学校制度において事務職員はどのように位置づけられ、どのような制度史的な変遷を経て

きたのかを剔抉する理論的な研究書はそれほど多くない。もちろん、学校事務職員に関する論稿に関しては、これまで一定数の成果が蓄積されていることも事実である。しかし、本書において著者が記しているように学校事務職員についての体系的な研究書としては、清原正義氏の『学校事務職員制度の研究』（学事出版1997年刊）だけだと言っても過言ではない。同書は、学校事務職員の制度を基軸に論究した書であるが、それ以降に体系的に学校事務職員を対象とする研究書の有無について評者は寡聞にして知らない。その意味で本書は、体系的な学校事務職員について論究した専門的研究書としても捉えられる内容を持つ書であるともいえる。

　ところで、本書は、単に学校事務職員に関わる制度史的な検討を主要な課題とするものではなく、近代社会における教育という営みをどのように捉えるのか、さらには近代学校における教育機会の平等とはどのように実現し得るのかを学校事務職員という存在を通して議論の俎上に載せようとする点に独自の視点がある。加えて、筆者の学校事務職員に関わるこれまでの研究成果を踏まえて、学校事務職員が置かれている現状、さらには学校事務職員をめぐる問題構造の根幹について丁寧に論述している。こうした学校事務職員についての論究には、教育機会の平等化を実現する営為に学校事務職員がどのように協働し得るのかという著者の研究上の課題意識が明確に示されているともいえる。

　本書の構成を概観しておこう。

　まず、大きく六つの章で構成されている。第1章では、学校事務職員という存在について整理する。そこでは、本書での著者の方向性についても簡潔に述べられている。現在と将来の学校事務職員の在り様を歴史的な振り返りを踏まえて論じる姿勢がうかがえる。

　続く第2章と第3章では、日本の近代公教育体制における学校事務職員の史的変遷を詳細に記述している。この二つの章は、単に制度史的な整理ではなく著者の日本の公教育制度に関する鋭い分析視角を前提にした歴史認識が明示されている。

　第4章と第5章では、20世紀後半の学校事務職員をめぐる現実を様々な政策事実との関係、あるいは新自由主義的な公教育施策が生み出す学校と、そこで働く学校事務職員の現在的な課題をしっかりと切り出し記述している。

　最後の第6章では、学校事務職員の未来について現実の課題を踏まえ、整理しつつ、学校事務に関する著者の意見を簡潔に論じている。

　以上のような目次構成において編纂された本書は、上述したように単純な制

度史研究の書ではない。本書には、著者のこれまでの学的研鑽の成果を踏まえた著者の独自の公教育論とでもいうべき理論的視角が非常に簡潔に平易な言葉で記述されている。それは、大上段に振りかぶったような表現ではなく、淡々とした、しかしながら極めて深い含意に富む理論的な研鑽の成果を踏まえた公教育論の視点なのである。

　以下では、本書における公教育論あるいは公教育研究の方法論と関わる論点を記した部分について二つ紹介させていただきたい。

　一つは、第1章で著者が教育を論じる際の視点の三点目として提示している「地域、つまり地域共同体あるいはコミュニティ」という視点である。近代公教育を議論する方法論として「地域」をどのように捉えるのかは、重要な論点であり課題である。しかし著者は、こともなげに「地域」という視点を入れることを主張する。近代公教育の本質論において、「地域」という概念をどのように理論的に捉えるのかについて四苦八苦する評者などにとっては驚かされる指摘である。しかし、「地域」という視点は、教条主義的な論理よりも実際の教育的営為を丹念に観察整理することを通して方法的視点を構築しようとする著者の一貫した方法論の帰結であるといえる。その意味でも、近代公教育論を再考する際の重要な視点であると指摘してよいだろう。

　二つは、第3章において著者は、「戦前戦後の断絶は少ない」と論じる箇所である。見落としそうな表現であるが、その理論的な意味はきわめて深淵だといえるだろう。学校事務職員の史的な整理に関わった個所での記述である。指摘するまでもなく、戦後の学校教育法が1941年の国民学校令の法理を引きついていることを意識しての指摘である。もちろん著者は、1946年の日本国憲法制定や1947年の教育基本法、学校教育法の制定の教育史上の意義を決して軽んじているわけではない。そうではなく、日本近代公教育体制の在り方として、連続している点を精確に捉えることにより、日本国憲法の論理と個別教育法規の論理的乖離をしっかりと見据える必要性を指摘した記述である。日本近代の公教育体制の史的検討に関わり、著者が指摘する「戦前戦後の断絶は少ない」という視点は、日本近代公教育の本質に迫る際の、換言すれば日本国憲法の史的意義がどのように教育法規の条文に血肉化されているのか否かを見極める際にも重要な意味を持っていると評者は考える。

　繰り返しになるが、本書は、学校事務あるいは学校事務職員に関わる史実を網羅的に整理した書ではない。そうではなく学校事務や学校事務職員が日本の公教育制度の中でどのように制度化され、あるいは現実的にどのような機能等

を求められたのかを整理、分析することで日本近代公教育の構造や論理を剔抉する意図を持った作られた書なのである。しかも、本書は、過去と現在の歴史的な分析を踏まえて未来についても論理的に把握しようとする意図も明確である。その意味で、本書は、学校事務職員論だけでもなく、学校事務職員制度史でもなく、著者の公教育論あるいは公教育論序説のような論理構成となっていると評者は考えている。

　以上のような評者の本書に対する理解の是非については、一先ず置くとしても、本書を是非一読していただき著者が論究した諸課題を改めて確認することを強くお勧めしたい。著者が本書で提示しようとした理論的課題は、今後もより深く検討される課題であり、そのためにも、本書で剔抉された理論課題を確認することは必須であると評者は強く思う。

　[学事出版／2020年7月刊／定価（本体2,800円＋税）]

（公教育計画学会会員　四国学院大学）

英文摘要

Annual Bulletin of SPEP NO.12
Questioning public education planning in the midst of the Corona disaster

Foreword   By MOTOI Ichiro

Special Papers 1 :
Education policy under the With / Without COVID-19

The Spread of Novel Coronavirus (COVID-19) infection and the transformation of the view of Public Education
   By NAKAMURA Fumio

Current status and issues of public elementary and junior high schools affected by the new coronavirus
   By YAMASHIRO, Naomi

School lunches to protect children's diets in the wake of COVID-19 disasters
   By GAN Sakiko

Starting from the reality that "children are living now" once again
   —Think about the future roles of schools, teachers and school staff
      after the new coronavirus pandemic
   By SUMITOMO Tsuyoshi

Special Papers 2 : Summarizing the Abe Administration's Education Policy

Education reform and "contradiction and conflict" with the globalization of East Asia: Consideration of the "proposals" of the Educational Rebuilding Council and the Education Rebuilding Implementation Council
   By AIBA Kazuhiko

Curricularization of Moral Education Under the Abe Administration: How did things turn out that way ?
   By OMORI Naoki

Free contribution thesis

Impact of the Japan Teachers' Union in the process of establishing, easing, and abolishing the principals license system
　—The struggle to refuse accredited training as a labor union, and
　　educational research competition as a professional association—
　By AKUTAGAWA, Masayuki

Statistics and Commentary (related to public education)

The Actual Situation and Consideration of Non-regular Faculty (6)
　By TAKENAMI, Kenzo

Book Review

English Abstracts

Information about SPEP

Afterword By TAGUCHI Yasuaki

Special Papers

Special Papers 1 ： Education policy under the With / Without COVID-19

The Spread of Novel Coronavirus (COVID-19) infection and the transformation of the view of Public Education
　By NAKAMURA Fumio

　Since the Novel Coronavirus (COVID-19) started spreading 2020, public education has been in chaos and the view of public education has been transformed.

　The simple postwar view of education that all people shall have equal opportunities in education despite differences of status or economic disparities has been transformed.

　Neoliberal education policy has been conducted during the Novel Coronavirus disaster.

　The educational policy priorities are the promotion of digital education and the reduction of the size of elementary school classes to 35 pupils.

　There are three concerns regarding digital education.

　The first is that it weakens the locality.

　The second concerns the digital teaching materials, the textbooks and the coded "New Course of Study".

　The third concern is the information gathering, analysis and utilization of individual study logs and health checkups linked to the coded "New Course of Study" ; children are qualified, quantified, and controlled.

　The policy of downsizing classes in elementary schools also raises three concerns: The first concern is that the reason for relaunching an old policy is that it is aimed at providing individual education, not at avoiding the "three Cs" as a countermeasure to COVID-19. Downsizing classes to 35 pupils in a class is correlated with the GIGA school concept: Having subject teachers in the fifth and sixth grades of elementary schools by 2022.

　Secondly, it is necessary to consider introducing 30 pupils per class rather than 35 pupils in junior schools and high schools, not only in elementary schools.

　Thirdly, the integration and closures of schools affect adversely children who undertake burdensome journeys to remote schools.

I propose three measures that could mitigate these concerns. The first measure is the view of digital education. In order to conduct digital education which respects children's rights, personal information should be thoroughly protected, as in the EU.

The second measure is that the downsizing of class sizes to 30 pupils rather than 35 not only in elementary schools but also in junior high schools and high schools, should be discussed in depth.

Finally, I propose that small-scale schools be promoted in order to facilitate the prevention of the spreading of epidemic diseases and reduce the effects of disasters.

Current status and issues of public elementary and junior high schools affected by the new coronavirus
By YAMASHIRO, Naomi

A state of emergency was declared in Japan to prevent the spread of the new coronavirus, which was rampant all over the world, and at the end of February, the 2nd year of Reiwa, a temporary closure of schools nationwide was requested. In the midst of great turmoil at schools, more than 80% of local governments began temporary closures for about two and a half months. Schools were reopened in sequence from mid-May, but what actually happened was a trial-and-error effort; each school adopted a different new lifestyle to prevent the spread of infection.

Looking back over the one year since the temporary closure of the schools, from my personal point of view, one after another, such as disinfection work inside and outside the school building, lack of supplies related to disinfection, the cancellation or changes to school events, purchase plans for goods related to special school health measures project costs, etc. I kept busy responding to an unprecedented situation. Among the problems, it seems that the biggest burden for school clerical staff was the settling of private accounts at the end of the fiscal year. Regarding school collection work when exposed to such a sudden situation, it is not an ad hoc measure that is necessary for stable accounting processing, but it is necessary to make public accounting and public education free of charge. Isn't that a rational point of view? Based on actual experience of the corona disaster, we will once again consider the school collection fee.

School lunches to protect children's diets in the wake of COVID-19 disasters
By GAN Sakiko

I focus on the role of school meals in the lives of elementary and junior high school students and think about ways to reduce the gap between children and protect their eating habits in emergencies such as COVID-19 disasters. Even during the temporary closures of schools due to COVID-19, school lunches have the function of narrowing the gap between children's meals. In situations such as COVID-19 and other disasters, there are situations where school lunches cannot be provided or school lunches cannot be afforded, and the inequalities in children's lives will widen as the impact continues. In the school aid system, which subsidizes school meals, there are major discrepancies between local governments due to budgetary constraints and inadequate allocations of school aid. Free school lunches have the effect of transforming the assistance provided by selective schooling into universal in-kind benefits.

Starting from the reality that "children are living now" once again
　—Think about the future roles of schools, teachers and school staff after
　　the new coronavirus pandemic
　By SUMITOMO Tsuyoshi

In this paper, we have summarized the following three issues regarding the roles of schools, teachers, and school staff after the pandemic of coronavirus infection, focusing on the situation of children and college students when schools were closed as emergency was declared.

The first point is that there is a need for educational practices in which children and students start once again from the reality of "living in the present."

The second point is that it is necessary to pay attention to the "learning" of children and students in subject areas such as music, art, and sports, subjects which cannot be satisfied by online learning alone.

The third point is that children and students may be seeking to restore their "connection" with teachers and school staff.

This paper also refers to the UN Children's Rights Commission's

"Statement on Coronavirus Disease (COVID-19)", actual children's opinions, and the author's own experience.

Special Papers 2 : Summarizing the Abe Administration's Education Policy

Education reform and "contradiction and conflict" with the globalization of East Asia: Consideration of the "proposals" of the Educational Rebuilding Council and the Education Rebuilding Implementation Council
   By AIBA Kazuhiko

This paper considers the structural characteristics of educational reform under the administration of Shinzo Abe from the perspective of the relationship with globalization in East Asia. The Abe administration was the period of the first and second administrations, with Yasuo Fukuda, Taro Aso, and the Democratic Party administration in between, from September 26, 2006 to August 27, 2007, and from December 26, 2012 to 2020. The educational reform period lasted until September 16, 2014. During that time, the committees that played a leading role in the formulation of educational policy were the Education Rehabilitation Council: the Education Rehabilitation Execution Council, and the documents showing the direction of education policy were the recommendations of the committees. In this paper, the task is to depict the contradictions and conflicts between the educational reform policy led by the Abe administration and the globalization, mainly by examining these proposal.

Curricularization of Moral Education Under the Abe Administration: How did things turn out that way ?
   By OMORI Naoki

An education system reform referred to as "Curricularization of Morals (making moral education a subject)" was implemented in Japan by the Abe administration in 2015. The reform forced teachers to teach children government-dictated moral standards. How did things turn out that way? Through a retrospective study of the post-WWII history of education and a review of recent insights in research works, this article attempts to shed light on the political implications of the reform and how it marked the history of education labour movement.

Free contribution thesis

Impact of the Japan Teachers' Union in the process of establishing, easing, and abolishing the principals license system
 —The struggle to refuse accredited training as a labor union,and
　educational research competition as a professional association—
By AKUTAGAWA, Masayuki

This paper focuses on the early postwar period when the principals' licenses were institutionalized in Japan, and clarifies the qualification requirements for principals' positions and the issues found in the acquisition of credits through in-service education. At first, the Japan Teachers' Union was cautious about the principals license system as an opposition actor, but as a labor union called for a struggle to refuse the license law certification class; yet on the other hand, as a professional association, it became clear that in the education and research competition, "Democratization of the workplace", the principal were in charge of research activities with the theme of "democratization."

学会動向・学会関係記事

公教育計画学会動向

《2020年6月〜2021年6月》

2020年 6 月13・14日　　第12回大会（於：関西大学）中止
　　　　　　　　　　　　（COVID-19感染拡大のため）

2021年 3 月13日　　　　研究会「学校施設のバリアフリー化とインクルーシブ教育実
　　　　　　　　　　　　現の課題」（共催：公教育計画学会インクルーシブ教育部会、
　　　　　　　　　　　　熊本学園大学堀正嗣研究室、公益社団法人子ども情報研究セン
　　　　　　　　　　　　ター障害児の生活と共育を考える部会）（zoomによるリモート
　　　　　　　　　　　　形式開催）
2021年 5 月20日　　　　会計監査

2021年 6 月26日　　　　第13回大会（リモート開催）実施
　　　　　　　　　　　　大会テーマ：コロナ過で急展開する教育'改革'の行きつく先
　　　　　　　　　　　　はどこか
　　　　　　　　　　　　[基調報告]
　　　　　　　　　　　　① 2020年 3 月以降の教育政策を振り返る（戸倉信昭）
　　　　　　　　　　　　② ICTを活用した教育の功罪（中村文夫）
　　　　　　　　　　　　③ 教育をめぐる新自由主義政策の帰結−「有事」により加速
　　　　　　　　　　　　する教育格差の拡大（元井一郎）
　　　　　　　　　　　　理事会（リモート開催）

（文責・公教育計画学会事務局）

公教育計画学会会則

（名称）
第 1 条　本学会は、公教育計画学会（The Society for Public Education Planning）とい
　　う。
（目的）
第 2 条　本学会は、学問・研究の自由を尊重し、公教育計画に関する理論的、実践的
　　研究の発展に寄与するとともに、教育政策及び行政施策の提言を積極的に行うこと
　　を目的とする。
（事業）
第 3 条　本学会は、前条の目的を達成するため、次の各号の事業を行う。
　一　大会や研究集会等の研究活動の推進

二　政策提言活動等の推進

三　学会誌、学会ニュース、その他の出版物の編集・刊行

四　その他、本学会の目的を達成するために必要な事業

（会員）

第4条　本学会の会員は、本学会の目的に賛同し、公教育計画又はこれに関係のある理論的、実践的研究に従事する者あるいは公教育計画研究に関心を有する者で、理事の推薦を受けた者とする。

　2　会員は、会費を納めなければならない。

（役員及び職務）

第5条　本学会の事業を運営するために次の各号の役員をおく。

一　会長　　　　　　　　1名

二　副会長　　　　　　　1名

三　理事　　　　　　　　20名以内

三　常任理事　　　　　　若干名

四　監査　　　　　　　　2名

　2　会長は本学会を代表し、理事会を主宰する。会長に事故ある時は、副会長がその職務を代行する。

（役員の選挙及び任期）

第6条　理事は会員の投票により会員から選出される。

　2　会長は理事の互選により選出し、総会の承認を受ける。

　3　副会長及び常任理事は、会長が理事の中から選任し、理事会の承認を受け、総会に報告する。

　4　監査は会長が理事以外の会員より推薦し、総会の承認を受けて委嘱する。監査は、会計監査を行い、その結果を総会に報告するものとする。

　5　役員の任期は3年とし、再選を妨げない。ただし、会長は2期を限度とする。

（事務局）

第7条　本学会に事務局をおく。

　2　本学会の事務を遂行するため、事務局長1名、幹事若干名をおく。

　3　事務局長は理事のなかから理事会が選任する。

　4　幹事は理事会が選任する。

（総会）

第8条　総会は会員をもって構成し、本学会の事業及び運営に関する重要事項を審議決定する。

　2　定例総会は毎年1回開催し、会長が召集する。

（会計）

第9条　本学会の経費は会費、入会金、寄附金、その他の収入をもって充てる。

　2　会費(学会誌購入費を含む)は年間5,000円(減額会員は3,000円)とする。減額会員については、理事会申合せによる。

　3　入会金は2,000円とする。

　4　本学会の会計年度は4月1日から翌年3月31日までとする。

（会則の改正）

第10条　本学会の改正には総会において出席会員の3分の2以上の賛成を必要とする。

第11条　本会則の実施に必要な規程は理事会が定める。

附則

1　本会則は2009年9月27日より施行する。

2　第4条の規定にかかわらず、本学会創立時の会員は理事の推薦を要しない。

3　第6条の規定にかかわらず、本学会創立時の理事は総会で選出する。

4　本会則は、2014年6月21日に改定し、施行する。

5　第9条の「減額会員」等に関する会計処理は、以下の申合せ事項に基づいて処理する。

　　申合せ事項1　減額会員について

　　減額会員は年所得105万円を目安として、自己申告によるものとする。

　　申合せ事項2　介護者・通訳者の参加費・懇親会費について

　　大会参加費は、介助者・通訳者については無料とする。ただし研究関心のある介助者・通訳者は有料とする。懇親会費は、飲食しない介助者・通訳者については無料、飲食する介助者・通訳者については有料とする。研究関心の有無は、原則として自己申告によるものとする。介助者・通訳者で有料となった場合は、他の参加者と同様の区分に従って大会参加費を徴収する。

公教育計画学会会長・理事選出規程

（目的）

第1条　本規程は、公教育計画学会会則第6条に基づき、本学会の会長及び理事の選出方法について定める。

（理事の定数）

第2条　理事定数は20名以内とし、全国1区とする。

（会長及び理事の選出方法）

第3条　理事に立候補しようとする会員は、公示された立候補受付期間中に、定めた立候補届出用紙に必要事項を記入し、選挙管理委員長に提出しなければならない。

　2　選挙管理委員長は、候補者受付期間に届け出のあった候補者の氏名を会員に公示しなければならない。

第4条　理事の選出は会員の無記名投票（連記式）により行う。ただし、定数以下の連記も有効とする。

　2　理事当選者は票数順とし、同順位の場合は選挙管理委員会の行う抽選により決定する。

（理事の任期）

第5条　理事の任期は理事選出直後の定期大会終了の翌日より3年後の大会終了までとする。

（選挙管理委員会）

第6条　第3条に規程する理事選出事務を執行するため、会長は会員中より選挙管理員会の委員2名を指名する。

　2　選挙管理委員会は互選により委員長を決定する。

（選挙権者及び被選挙権者の確定等）

第7条　事務局長は、常任理事会の承認を受けて、理事選出の選挙権者及び被選挙権者（ともに投票前年度までの会費を選挙管理員会設置当日までに納めている者）の名簿を調製しなければならない。

　2　事務局長は、選挙管理委員会の承認を受けて、選挙説明書その他必要な文書を配布することができる。

（細則の委任）

第8条　本学会の理事選出に関する細則は、理事会の定めるところによる。

附則

　1　この規程は、2009年9月27日より施行する。

　2　この規定は、2012年2月19日に改定し、施行する。

公教育計画学会　年報編集委員会規程

第1条　公教育計画学会年報編集委員会は、学会誌「公教育計画研究」の編集及び発行に関する事務を行う。

第2条　当該委員は、理事会が会員の中から選出する。

　2　委員の定数は、7名以内とし、うち過半数は理事から選出する。

　3　委員長は、理事会の理事の中から選出する。

　4　委員会の互選により委員長1名、副委員長1名及び常任委員を若干名選出する。

　5　委員長、副委員長及び常任委員は、常任編集委員会を構成し、常時、編集実務に当たる。

第3条　委員の任期は3年とし、交替時期は毎年の総会時とする。

第4条　委員会は、毎年1回以上会議を開き、編集方針その他について協議するものとする。

第5条　編集に関する規定及び投稿に関する要領は別に定める。

第6条　編集及び頒布にかかわる会計は、本学会事務局において処理し、理事会及び総会の承認を求めるものとする。

第7条　委員会は、その事務を担当する幹事若干名を置くことができる。幹事は、委員会の議を経て委員長が委嘱する。

第8条　委員会は事務局に置く。

附則

　1　この規程は2009年9月27日により施行する。

　2　この規程は2011年6月12日に改定し、施行する。

公教育計画学会年報編集規程

　1　公教育計画研究（以下、年報という）は、公教育計画学会の機関誌であり、原則として年1回発行する。

　2　年報は、本学会員の研究論文、評論、書評、資料、学会記事、その他の会員の

研究活動に関する記事を編集・掲載する。
3　年報に論文等を投稿しようとする会員は、投稿・執筆要領に従い、その年度の編集委員会事務局に送付するものとする。
4　投稿原稿の採否は編集委員会の会議で決定する。その場合、編集委員会以外の会員に論文の審査を依頼することができる。
5　掲載予定原稿について、編集委員会は若干の変更を行うことができる。ただし内容の変更の場合は執筆者との協議による。
6　編集委員会は、特定の個人又は団体に原稿を依頼することができる。
7　原稿は原則として返還しない。
8　写真・図版等での特定の費用を要する場合、執筆者の負担とすることができる。
9　その他執筆及び構成については執筆要領を確認すること。
10　抜き刷りについては各自の責任で校正時に直接出版社と交渉すること。

公教育計画学会年報投稿要領

1　投稿者の資格
本学会会員に限る。
2　投稿手続き
（1）投稿申し込み時期は原則として10月末日とする。ただし、投稿申し込みの方法及び日程については、その年度ごとの会報および学会HPに詳細に掲載する。
（2）論文送付に関しては、オリジナル原稿及びそのコピー1部を送付する。なお、原稿をデジタル化して送付する場合には、コピーを送付する必要はない。投稿者は、オリジナル原稿を必ず保存しておくこと。
（3）論文の送付等にあたっては、次のものを必ず添付する。
所属、氏名（ふりがな）、連絡先住所、電話番号・FAX番号、E-mailアドレス、ただし、氏名に関しては、和文・英文両方を併記すること。
3　原稿締め切り
原稿の種類により締め切りは異なる。
（1）投稿論文、公教育計画研究レポート及び研究ノートは、原則、1月10日。ただし、各年度の会報及び学会HP上にて詳細は、明示する。
（2）上記以外の原稿については、別途指定する。
いずれの原稿も、指定された期限までに学会事務局あるいは年報編集委員会まで必着とする。

公教育計画学会年報執筆要領

1　投稿論文等（投稿論文、公教育計画研究レポート、依頼原稿）の枚数など
（1）投稿論文は、横書き、35字×32行のフォームで16枚以内とする。
（2）公教育計画研究レポートおよび研究ノートは、横書き、35字×32行の書式で10〜14枚以内を原則とする。
（3）特集論文などの依頼論文などについては、編集委員会の判断を経て論文枚数

　　など別途指定し、通知する。
　2　投稿論文等の提出時には、本文以外につける諸項目
　（1）論文表題、氏名、所属
　（2）論文要旨（和文400字以内）
　（3）表題、氏名の英文表記と論文要旨の英訳（200語程度）
　3　本文については、節、項、目、例、図表等は、番号または適当な表題を付ける。
　　　注および引用文献は、体裁を整えて、文末に一括して併記する。図表等につ
　　いては、通し番号を付けて、文章中に挿入する位置をオリジナル原稿の右隅に、
　　通し番号を付記して明示する。表組資料などは、オリジナルデータを論文と同
　　時に送付する。
　　引用文献、参考文献の表記は以下を参考に作成する。
　（1）論文の場合―著者名、論文名、掲載雑誌名等、巻、号、発行年、頁の順で表
　　記。
　（2）単行本の場合―著者名、書名、発行所、発行年、頁の順で表記。
　（3）webサイトからの引用は、URLの他に引用・参照時の年月日および作成者
　　名（著作権者）を付記。
　4　校正について
　（1）著者校正は初校のみとする。
　（2）校正は最小限度の字句、数字の修正にとどめる。
　5　その他
　　執筆に関する事項について不明な点などがある場合には、その年度の編集委員会
　　に問い合わせること。

公教育計画学会申し合わせ事項

Ⅰ　会費納入に関する申し合わせ
　1　会員は、当該年度の大会開催時までに当該年度会費を納入するものとする。
　2　大会における自由研究発表及び課題研究等の発表者は、当該年度までの会費を
　　完納するものとする。
　3　会長及び理事選挙における有権者または被選挙権者は、選挙前年度までの会費
　　を前年度末までに完納している会員でなければならない。
Ⅱ　長期会費未納会員に関する申し合わせ
　1　会費未納者に対しては、その未納会費の年度に対応する年報を送らない。
　2　会費が3年以上未納となっている会員は、次の手順により退会したものとみ
　　なす。
Ⅲ　未納3年目の会計年度終了に先立つ相当な期間と学会事務局が認めた時期におい
　　て、当該会費未納会員に対し、相当の期間を定めて、会費未納状況を解消すること
　　を催告し、かつ期限内に納入されない場合には退会したものとして取り扱う。
Ⅳ　学会事務局は、全校督促期間内に会費を納入しなかった会員の名簿を調整し、理
　　事会の議を経て退会を決定する。

編集後記

　感染症の拡大は、人間の「類的存在」としての根幹をなしてきた「関係性の総体」に関わる部分を差し止める、まさに「交通（Verkehr）」の問題として、今日の市民社会に現れた。資本主義社会では、私的生活の排他性と相互的無関心を前提としつつも、社会的分業として組織されている社会的労働の私的所有を支える「所有形態」と並んで重要なのが「交通形態」である。この交通形態がマルクスの生きていた当時、鉄道や電信の発達といったレベルであったが、今日digitaltransformation（DX）なる言葉で象徴される諸事象もこれに該当するのだと考えれば、「交通」の問題も感染症拡大による人間交流の最低限化を前提として今後考えられねばならない。

　こうして二年目となったパンデミックとの対峙の中で、人間相互の「交通」を前提とした教育活動はどのように、分節化され、一部解体へと進むのであろうか。「この際だからものは試しにやってみようか」という程度の発想で、社会工学的に見れば、操作可能な分野である「子どもたちへの教育」への実験的試みは随所で破綻を伴いながら、「分散登校」や「黙食」レベルの物理的原初的な試みから、デジタル機器を駆使した在宅児童への相互通信による学習支援なるものまで様々に試みられている。まさに実験場と化した感がある。これらのひずみは爾後どのような反射を伴ってわたしたちの前に現れるのか、まったく不透明なまま、「学びの保障パッケージ」という名称が冠されて実施されている。つもりに積もった国家財政の借金同様に、後世が負担すればよいとする「不道徳」な刹那主義が蔓延している。

　また、本号編集作業進行過程で実施された4年ぶりの総選挙では、半ば予想通り、半ば予想外の選挙結果が示された。安部政権の10年は総括されることなくなし崩し的に継続されることが選択され決定されたわけであるが、通常国会のたびに出現するコソ泥的な不祥事の前にまともな政策議論がなされないこの数年の帰結に過ぎない考えればこれもまた当然であったのだろう。

　年報第12号は、こうした社会的な状況を切開するために編まれた。どこまでそこに迫りつつのあるのか、今後の課題は何かについては、会員諸氏にお任せしたい。また、末尾ながら、編集作業が遅れ、2年連続の遅延発刊となったことについて、執筆いただいたみなさま、会員のみなさまに深くお詫びいたします。

（年報編集委員長　田口　康明）

公教育計画研究12

［公教育計画学会年報　第12号］

特集：コロナ禍の中の公教育計画を問う

発行日　2022年3月25日
編　集　公教育計画学会年報編集委員会

発行者　公教育計画学会
　　　　学会事務局
　　　　〒029-4206　岩手県奥州市前沢字簾森37-215
発売所　株式会社八月書館
　　　　〒113-0033　東京都文京区本郷2-16-12 ストーク森山302
　　　　　TEL 03-3815-0672　FAX 03-3815-0642
　　　　　振替 00170-2-34062

印刷所　創栄図書印刷株式会社